T. CRÉPON

CONSEILLER A LA COUR DE CASSATION

PENSÉES D'UN CHRÉTIEN

SUR

LA VIE MORALE

PARIS
LIBRAIRIE CH. POUSSIELGUE
RUE CASSETTE, 15

1900

PENSÉES D'UN CHRÉTIEN

SUR

LA VIE MORALE

Propriété de :

T. CRÉPON

CONSEILLER A LA COUR DE CASSATION

PENSÉES D'UN CHRÉTIEN

SUR

LA VIE MORALE

PARIS
LIBRAIRIE CH. POUSSIELGUE
RUE CASSETTE, 15

1900

Droits de reproduction et de traduction réservés.

En des jours comme ceux que nous vivons, parler de Dieu et de ses droits, de l'âme humaine et de ses devoirs, de responsabilité, de justice, de vie future, singulière entreprise !

Qui vous écoutera ?

Peut-être personne. Peut-être aussi quelques-uns, et cela déjà suffit.

En tous cas, je suis de ceux qui pensent que, plus on nie Dieu, plus on doit l'affirmer; plus on veut réduire l'âme à d'irrésistibles impulsions, plus il faut proclamer sa grandeur et sa liberté, revendiquer les droits de la conscience, rappeler la loi du devoir et de la responsabilité que vient confirmer la loi de suprême justice.

Suprême justice ! Elle ne se fait certes pas en ce monde. Où donc se fera-t-elle ?

Dans une vie future ?

On peut mettre au défi de trouver un homme que ces simples mots « Vie future » laissent indifférent.

Angoisse à laquelle personne n'échappe,

problème qui renferme en lui la clef et l'explication de toute vie humaine.

Point de vie future : point de conscience, point de devoir, point de responsabilité, point de justice ; jouis, si tu peux.

Vie future : loi morale, justice et justicier ; sois honnête, si tu veux prétendre aux éternelles récompenses.

Loi morale certaine et précise.

Où peut-elle se trouver ailleurs que dans la loi du Christ ?

Si elle n'est pas là, elle n'est nulle part, et il ne peut plus y avoir ni justice ni justicier.

Si elle est là, elle doit présider à toutes les manifestations de l'âme humaine.

De cette dernière pensée sont nées les pages qui vont suivre.

Avril 1900.
T. CRÉPON.

PENSÉES

DOUTE

La plus cruelle des maladies qui puisse s'attaquer à une âme d'homme.

Douter de son âme, de ses destinées, douter de Dieu !

Douter de soi-même, de son jugement, de ses forces, de sa conscience, du droit qu'on peut avoir au respect et à l'estime !

Douter de l'amitié et de la bonne foi des hommes, d'une femme qu'on aime, du cœur d'un enfant !

Quelles angoisses et quel supplice !

L'âme ! Suis-je sûr qu'elle existe ? Ne se pourrait-il qu'il n'y eût en moi que des organes, des cellules, des fibres, des nerfs, de la matière cérébrale recevant et transmettant les impressions du monde extérieur pour en faire des mouvements et des actes ?

Simple travail d'organes, de nerfs, de

matière cérébrale le travail et les conceptions de la pensée, les envolées dans les régions de l'infini où l'on cherche l'absolue beauté, l'absolue vérité, l'absolue justice!

Simple travail d'organes et de nerfs, l'amour, la haine, le dévouement, le sacrifice de soi, l'impérieux sentiment de la responsabilité et de la justice que tout homme trouve au dedans de soi-même!

Eh bien, non; ils auront beau dire que mon âme n'existe pas, il faut qu'ils me la laissent, non par pitié, mais par certitude et par évidence, parce que mon âme, c'est moi, je sens que c'est moi, que nier mon âme, c'est me nier; et mon âme, c'est ma pensée qui rayonne, monte, plane dans les espaces infinis; c'est ma volonté qui lutte parce qu'elle se sent libre; c'est mon cœur qui aime ou qui hait, que l'amour peut élever aux plus sublimes sacrifices, que la haine peut abaisser aux derniers raffinements de la vengeance.

Me dire : jeu d'organes, de nerfs, de fibres que tout cela, c'est pure dérision; c'est fermer les yeux pour ne pas voir ce qui se passe en moi; c'est me ravaler, comme à plaisir, au niveau de la brute en m'enlevant ce qui fait ma dignité et ma grandeur.

Sans âme, je ne suis plus l'homme.

Ma destinée! Qu'en sais-je; qu'en puis-je savoir?

Qui peut m'affirmer d'où je viens et me dire avec certitude où je vais?

Une vie future? Peut-être; mais peut-être aussi tout finit-il avec la vie présente. Celle-là, avec ses courtes joies et ses longues épreuves; avec ses faux rires et ses douleurs trop vraies, il faut bien que j'y croie, puisque je la subis. Mais l'autre?

Qu'est-ce que cette hypothèse? Un rêve ou une réalité? Si ce n'est qu'un rêve, pourquoi en faire la loi de ma vie, peiner, me priver, me sacrifier? Et si c'est une réalité....?

Un rêve, l'existence d'une vie future! Mais alors qu'est-ce donc que ce monde où la jouissance est réservée à quelques-uns, la privation et la misère jetée au plus grand nombre; où l'on se heurte à des foules en révolte contre leurs souffrances; où l'honnête homme est opprimé pendant que le pervers triomphe? Qu'est-ce que l'honnêteté et la perversité? Qu'est-ce que l'idée du bien et du mal que je trouve au plus profond de moi? Qu'est-ce que ce besoin de justice, de rigoureuse et inflexible justice qui fait si intimement partie de mon être que je ne peux pas concevoir le rapprochement, la réunion de plusieurs hommes, sans que ce besoin ne les domine et ne s'impose à leurs rapports?

Dans la vie présente, l'injustice est partout ; elle brise, elle broie, elle écrase ; la souffrance est partout ; souffrance du corps que la douleur torture, souffrance de l'âme se débattant contre des angoisses désespérées, souffrance souvent sans compensation, sans repos et sans trêve, sans une espérance, sans un rayon de soleil.

Et pour ces opprimés, ces misérables, tout finirait avec la vie présente ; ils ne trouveraient jamais justice et réparation : souffre et meurs !

Eh bien non, encore ! Ce monde serait une trop sinistre comédie ; la vie présente se passerait au milieu de trop de dérisions ; pour me faire admettre le néant après elle, on nie trop de choses, trop de besoins que je sens irrésistiblement en moi, qui forment le fond même de ma nature d'homme, qu'on n'en peut retrancher sans faire de moi une autre créature, un autre être.

Justice, justice ! me crie mon âme ; vie future où se fera la vraie et stricte justice, où les persécutés et les meurtris recevront toutes les réparations, les persécuteurs, les châtiments auxquels les uns les autres auront droit.

Dieu ! On me dit :

L'être infini, tout puissant ; l'infinie beauté, l'infinie vérité, l'infinie bonté, l'infinie justice ; cause et créateur de toutes choses ; soutien du monde par sa providence ; dispensateur des joies et des peines, du secours et du salut, de la perte et de la damnation.

— Cet être infini dans sa puissance et dans toutes ses grandeurs, pourquoi suis-je contraint de le chercher ; pourquoi, à de certaines heures, me demandai-je si vraiment je l'ai trouvé ; pourquoi n'a-t-il pas dirigé vers moi un rayon aux clartés duquel m'apparaîtraient si resplendissantes ses perfections que je n'aurais plus qu'à me prosterner et à adorer ?

Créateur et soutien de toutes choses :

Est-il bien certain que le monde physique et le monde animé ne soient pas sortis d'une force qui leur soit propre, contenant en elle tous les développements et toutes les puissances de la matière inerte, tous les degrés, toutes les évolutions de la matière animée ?

Est-il besoin d'apercevoir, au-dessus du monde, un grand être, personnel, créateur et justicier, maître des vies, dispensateur des récompenses et des peines ? Où donc la place de cette justice si nous sommes le jouet des lois à l'action desquelles il n'est pas possible de nous soustraire ?

Dieu bon, aide, secours, providence !
Hélas ! je cherche cette bonté et ne la trouve point.

Je vois des masses de misérables qui demandent l'aide et le secours et ne les reçoivent pas ; qui veulent croire quand même à la providence de Dieu et qui n'en restent pas moins anéantis et écrasés.

Que de souffrances, que de méchancetés, que d'oppressions, que d'injustices, que de crimes !

Où donc, au milieu de tout cela, la bonté et la providence de Dieu ?

— Et l'instant d'après je me réponds :
Si Dieu se manifestait à moi d'une façon assez éblouissante pour que je n'eusse plus qu'à me jeter à terre et à adorer, que deviendrait ma liberté qui fait ma dignité et mon honneur d'homme ?

Ma liberté avec laquelle, quand je veux honnêtement chercher Dieu, je le trouve, voir Dieu, je le vois, reconnaître l'action de Dieu, je la reconnais ?

Ma liberté, qui fait que je m'incline volontairement devant Dieu, ou que je lui refuse superbement mon hommage ; que cet hommage, quand il est donné, m'honore, me profite, parcequ'il n'est pas contraint, que l'injure adressée à Dieu, quand je le refuse, me condamne, parceque ce refus est libre.

Le monde contenant une force propre, intrinsèque, ayant présidé à sa formation et à son développement, dans l'ordre physique comme dans l'ordre moral, à l'évolution de tous les êtres, depuis la répugnante larve jusqu'aux rayonnements de cette admirable créature qu'est l'homme ?

Infiniment intelligente cette force, puisqu'elle a su établir une si merveilleuse harmonie entre les lois du monde physique et du monde moral, entre tous les êtres qui se meuvent et vivent, qui a su faire de si belles et si grandes créations que plus l'œil de l'homme les contemple et les pénètre, plus il en reste ébloui.

Cette intelligence infinie, pourquoi n'aurais-je pas le droit de l'appeler Dieu ?

Force propre, contenue dans le monde :

pourquoi n'aurais-je pas le droit de la voir au-dessus du monde, puisqu'elle l'a formé, organisé, puisqu'elle le soutient, le fait vivre, puisqu'elle le domine ?

— Parce que c'est une force fatale, non libre. Parce que, en admettant que ce soit une force intelligente, ce n'est pas une force personnelle.

— Force fatale, non libre ? Qu'est-ce qui permet de l'affirmer ? Tout proclame le contraire.

Comment une force fatale, non libre, peut-elle engendrer des êtres dont la liberté est un des principaux attributs ?

Comment peut-elle créer un esprit d'homme avec toutes les illuminations de la pensée, de l'imagination, du rêve, une âme d'homme avec le sentiment du bien et du mal, du devoir, de la responsabilité, avec la tyrannie de la conscience ?

Force intelligente, mais non personnelle !

Comment une force intelligente peut-elle n'être pas personnelle ?

Comment cette force a-t-elle mis au fond de l'homme l'idée et le besoin de la justice, si, cette justice, il n'y a personne pour la rendre ?

Décidément, c'est trop de contradictions m'imposer pour me faire rejeter cette idée simple et qui explique tout :

Le monde, avec ses merveilles, ses forces, ses mystérieuses harmonies, créé par un être souverainement intelligent et d'une infinie puissance, trouvant sa cause en lui-même, parce qu'il n'a pas eu de commencement et qu'il n'aura jamais de fin ;

L'homme recevant de cet être une parcelle de ses perfections, l'idée, le sentiment, le besoin du beau, du bien, du vrai qui sont, dans le créateur, à l'état infini et absolu ;

Sentant impérieusement en lui, avec l'idée du devoir et de la responsabilité, le besoin d'une rigoureuse justice, ébauchée parfois et partiellement faite dans la vie présente qui finit et qui passe, faite absolument dans la vie future qui ne finit plus et dure toujours.

Avec cela, tout s'éclaire ; hors de cela, tout devient contradictions et ténèbres.

La vie sans Dieu qui secoure et soutienne, qui juge, récompense et punisse, c'est-à-dire, sans âme, sans conscience, sans devoir, sans responsabilité, sans amours qui se dévouent et se sacrifient, la vie livrée à la jouissance ou à la douleur, aux entreprises de la force et aux audaces des malfaiteurs, sans qu'on ait rien à attendre et à espérer après elle, cette vie là est jetée dans une nuit trop noire, pour qu'aux jours où c'est la souffrance qui vous a saisi, où ce sont les coquins qui vous oppriment, on ne veuille pas leur échapper par la mort.

Ténèbres d'un côté, clartés de l'autre !
Comment se fait-il qu'au milieu de ces clartés, j'aie tant de peine à apercevoir la bonté de Dieu ? A me soustraire aux angoisses qu'apporte à mon âme le spectacle du monde avec ses misères, ses souffrances sans nom, ses injustices, ses oppressions ?
Comment arrêter ce cri qui, à de certaines heures, s'échappe, comme malgré moi, de ma poitrine :
« Dieu bon, pourquoi permets-tu de pareilles douleurs et livres-tu sans défense les innocents à de pareilles infamies ? »

Prends garde de vouloir juger Dieu, de prétendre substituer les confuses clartés de ton pauvre esprit aux grandes lumières de la suprême intelligence.
Tout n'est pas souffrances et douleurs dans la vie; elle a encore assez de joies pour qu'on s'y cramponne.
Tout n'est pas injustice et oppression; les vertueux et les bons sont encore assez défen-

dus pour qu'on puisse espérer d'échapper aux pervers.

Quand la souffrance étreint une vie, que l'injustice l'opprime, est-ce qu'il n'y a pas les réparations de l'au-delà ? Sait-on si Dieu n'a pas préparé, ne réserve pas à ces âmes torturées et demeurées fermes dans leurs espérances d'admirables compensations ?

Les injustices, les oppressions, les catastrophes qui étonnent et épouvantent, quelle est leur cause première, sinon la liberté humaine ?

Veut-on supprimer la liberté ? Reprocher à Dieu de nous l'avoir donnée ?

La liberté qui, non seulement fait digne la vie présente, mais nous assure, quand nous en aurons bien usé, les éternelles joies ?

Fallait-il les enlever aux vaillants, parcequ'il y aurait des lâches incapables de les conquérir ?

Fallait-il refuser le bonheur trouvé dans l'ordre suprême et les harmonies éternelles, parceque la liberté donnée à l'homme entraînerait des troubles et de passagers désordres dans des vies représentant comme un grain de sable pris aux immensités du désert ?

Pour le monde et chacun de ceux qui le composent, Dieu reste, quand même, le Dieu providence ; avec les compensations et les promesses de la vie future, le Dieu bon ; il reste le nécessaire justicier faisant à tous l'exacte part qui leur doit revenir dans la récompense ou dans la peine.

Il reste encore le Dieu providence et le Dieu bon, parce que, m'ayant promis les réparations et ménagé les joies de la vie future, il m'a donné les moyens de me les assurer, parcequ'il a projeté sur la voie qui mène de la terre au ciel une si vive lumière, qu'à moins que je ne le veuille, je ne m'y puis égarer.

Si je n'avais pas cette lumière, que je me sentisse seul, abandonné aux inspirations de ma pauvre raison, devant toutes les contradictions contre lesquelles se débat une vie d'homme, aux défaillances de ma débile volonté, devant les assauts que lui livrent l'intérêt, la passion, l'orgueil, l'ambition, les sens, est-ce que je ne serais pas en droit de me retourner vers Dieu ; d'accuser sa bonté, de nier sa justice ?

Mais, cette lumière, j'en suis inondé depuis que le Christ est venu la faire rayonner sur le monde.

Le Christ !

Quand, simplement, avec les yeux de l'honnêteté et de la justice, j'étudie son apparition dans le monde, sa vie, sa doctrine, ses miracles, sa mort, la propagation de sa loi, je suis obligé de reconnaître que rien de tout cela n'est humain, que cet être est plus qu'un homme, qu'il est Dieu; qu'il est véritablement l'homme-Dieu, le Sauveur, le Rédempteur, et, malgré les mystères devant lesquels ma raison recule comme épouvantée, il faut qu'elle s'incline, parce qu'elle ne peut échapper à cette conclusion :

Dieu me doit la lumière sur la loi de ma destinée; il faut qu'il me la donne, ou il n'est pas bon, ou il n'est pas Dieu.

Il n'est pas bon, il n'est pas Dieu, s'il ne m'a pas donné cette lumière par les enseignements du Christ, si la vie du Christ n'est que la vie d'un imposteur, sa mort, celle d'un illuminé ou d'un habile homme, sa doctrine, l'œuvre d'un charlatan, ses miracles, des prestidigitations, la transformation du monde par sa loi, l'effet de la sottise humaine.

Dieu ne peut pas me tromper ainsi.

Il y a une création qui dépasse, et de bien loin, toutes les merveilles du monde physique avec la puissance et l'harmonie de ses forces, toutes les splendeurs du ciel avec ses myriades de soleils, c'est la création d'une âme humaine avec la pensée qui embrasse tout ce qui existe et rayonne jusqu'à l'invisible et l'absolu, avec la conscience qui discerne le bien du mal, avec la liberté qui choisit entre ce que la conscience approuve ou condamne.

Lorsque le monde physique a été si magnifiquement éclairé, se pourrait-il que le monde moral eût été laissé dans les ténèbres?

Où est la grande lumière du monde moral, si elle n'est pas dans l'évangile du Christ?

Quel coin de l'âme humaine n'a pas, par lui, reçu son rayon?

Quelle obligation de la conscience a été oubliée ou méconnue?

De quel point de la loi les siècles écoulés ont-ils démontré la fausseté?

Non, non, encore une fois, Dieu ne peut pas me tromper ainsi.

La doctrine du Christ est bien la doctrine divine, la voie, la vérité, la vie : la voie que je dois suivre, la vérité que je dois croire, la vie telle que je dois la pratiquer aujourd'hui pour recevoir demain la compensation de mes efforts, de mes luttes, de mes souffrances.

La doctrine du Christ! C'est-à-dire, celle qui est vraiment émanée de lui, sortie de sa bouche, celle enseignée par l'autorité qu'il a instituée pour en être la dépositaire et la gardienne, non la doctrine chrétienne livrée à toutes les fantaisies de la raison individuelle, aux contradictions des sectes, aux divisions des petites et innombrables églises.

Dieu apportant au monde une doctrine, la vérité, et n'instituant personne pour la garder !

En quelle poussière sera-t-elle réduite, au milieu de quelles vapeurs et de quels brouillards pourrais-je en apercevoir et en retrouver les vestiges, quand elle aura eu subi le choc et les entreprises des passions humaines ?

Avec l'âme qui voit, la conscience qui commande, Dieu qui m'illumine par son Christ et me soutient dans la voie où je dois marcher, avec la justice de la vie future, est-ce que je n'échappe pas aux obscurités de la vie présente ?

Est-ce que je ne sais pas d'où je viens, où je vais ; est-ce que je ne connais pas la loi de ma destinée ?

Et maintenant, si, parfois encore, je doute de moi-même et des clartés de mon esprit ; si je doute des hommes, de leur amitié, de leur bonne foi, de leur droiture, de leur justice, je lèverai les yeux en haut pour y chercher Dieu.

Il suffit de l'avoir aperçu au bout d'une recherche loyale, pour que sa pensée demeure au plus profond de l'âme, pour que l'espérance de son secours n'abandonne plus.

Sans cette pensée et cette espérance, quelle effroyable énigme serait-ce que la vie humaine ?

CROYANT

Tout homme croit en quelqu'un et à quelque chose.

En quelqu'un :

En soi-même, son intelligence, sa force, son habileté, son audace ;

En les autres hommes, leur amitié, leur intérêt, leur pitié, leur secours ;

En Dieu, sa justice, sa bonté, son aide suprême et toute puissante ;

A quelque chose :

A la conscience, au devoir, à la responsabilité, au droit, à la justice, à l'honnêteté, à la loyauté, la délicatesse, à tout ce qui fait la dignité et la respectabilité de la vie ;

Ou à la force contre le droit, à l'inanité de toutes les conventions par lesquelles on entend enchaîner la liberté humaine, à la puissance de la volonté et à l'audace des entreprises ;

A une vie future où se fera la réparation des injustices de la vie présente, où chacun rendra ses comptes, tous ses comptes à un juge qui fera payer toutes les dettes ;

Ou bien, au néant après la vie, à la responsabilité vis-à-vis des seules lois humaines, à la bonne chance qui fait les gens heureux, au mauvais sort qui fait les misérables.

Bon gré, mal gré, il faut choisir, parce que personne ne peut se soustraire à l'obligation de croire; les prétendues négations comportent toutes l'affirmation d'une croyance contraire, et la croyance choisie, affirmée, gouvernera la vie.

Il faut croire en Dieu ou le nier ;

Croire à l'âme et à la conscience qui ne sont qu'un reflet de Dieu, ou aux irrésistibles entraînements de l'instinct, à la domination des sens, aux droits des habiles et des forts sur les impuissants et les faibles ;

Il faut croire à la vie future, tout entière remplie par la justice de Dieu, ou ne croire qu'à la vie présente soumise à toutes les injustices et à toutes les folies des hommes.

Si l'on croit en Dieu, à l'âme humaine, à la conscience, à la vie future, c'est le respect de soi et de tout, la vie droite, utile, dévouée, c'est l'honneur sans ostentation comme sans défaillance, c'est la générosité du cœur guidée par la rectitude de l'esprit.

Si l'on ne croit ni à Dieu, ni à l'âme, ni à la conscience, ni à l'au-delà, qu'est-ce qu'une vie sans gouvernail et sans boussole au milieu des tempêtes que vont soulever les fantaisies de l'esprit, les entraînements des sens, les emportements des appétits, les suggestions de l'intérêt, les ardeurs désordonnées de l'ambition ?

Ne dites pas que cette vie là peut encore être honnête, qu'il ne manque point d'hommes ne croyant pas en Dieu, à l'âme, à la conscience, à l'au-delà et dont la vie peut, quand même, être offerte comme un modèle de droiture, de dévouement au bien public, d'honneur.

Ne le dites pas, d'abord, parce que l'atmosphère morale est tellement saturée de l'idée de Dieu, de l'idée du bien, du juste, du devoir, que ceux-là même qui dénient et protestent peuvent rester des gens de bien, de justice et de devoir par tout ce que leur âme a respiré.

Chez eux, le cœur répare les aberrations de l'esprit.

Ne le dites pas encore, parce que ces vertus d'ambiance et d'air respiré, bonnes pour ce qu'on peut appeler le train ordinaire, les heures calmes de la vie, deviennent parfaitement insuffisantes pour les jours de crise, devant les heures d'épreuve, d'intimes angoisses, où la lutte s'établit violente entre l'intérêt, la passion et le devoir, où se dresse impérieuse la loi du sacrifice qui ne peut être comprise et accomplie qu'autant qu'elle se rattache à une loi supérieure dépassant la vie présente.

— Des croyances, soit ; mais n'en a pas qui veut, et puis celles que vous nous offrez sont par trop vieillies; elles ont fait leur temps.

— N'en a pas qui veut, quand on veut des croyances laissant à l'esprit et à l'imagination pleine carrière, à la vie pleine liberté, ne l'enserrant pas dans les gênes du précepte, dans les étroitesses de la règle, des croyances de composition facile qui permettent, tolèrent, absolvent, avec lesquelles on peut être l'homme du monde prétendant à tous les succès, l'ambitieux escaladant tous les degrés, le poète chantant toutes les voluptés, l'intellectuel pontifiant devant toutes les sciences, avec lesquelles on est, en résumé, l'homme ne croyant qu'en soi, n'aimant que soi, ne cherchant à satisfaire que soi.

Mais l'humble, le droit, le sincère, celui qui cherche le vrai pour le vrai et qui, l'ayant trouvé, y conforme simplement sa vie, celui-là le trouve.

Non seulement, il ne recule pas devant le précepte, mais il comprend que la vérité qui doit gouverner une vie d'homme ne serait pas la vérité, si, par une règle stricte, précise, elle ne traçait la voie à suivre, si, par des commandements inflexibles, elle ne défendait la conscience contre d'énervantes incertitudes, de dangereuses séductions, si elle ne la plaçait pas devant un rigoureux « fais ce que dois, quoi qu'il en advienne et quoi que tu puisses en souffrir ».

Vieilleries vos dogmes, momeries vos pratiques !

Il faut voir avec quel dédain en parlent les maîtres chargés de former l'esprit et le cœur de nos jeunes générations, et voir aussi de quelle pauvreté misérable ils témoignent quand il s'agit de combler le vide fait par eux dans les âmes (1).

L'homme, disent-ils, a perdu ses vieilles

---

(1) M. Paul Desjardins. — Discours au Concours général de 1896.

croyances: « Dieu, le Christ, la Vierge, les Saints, l'Enfer, le Purgatoire, le Paradis, autant de fois abolies. »

En êtes-vous bien sûr, et, parcequ'il vous convient de refuser votre hommage à un être infini dont les lois physiques et morales gouverneraient le monde, vous croyez-vous donc en droit d'imposer vos négations aux âmes amoureuses du bien et de la justice, de les forcer à tenir pour tarie la source d'où, pour elles, découle la loi du bon et du juste, de la charité qui console, du dévouement qui sauve ?

Et ces légions d'êtres pour lesquels la vie n'est qu'une longue souffrance, si nombreuses qu'elles forment comme l'humanité tout entière, croit-on qu'il leur suffira d'une parole de philosophe en mal de nouvel enfant pour fermer les yeux à cette lueur d'espérance aperçue au delà de la vie présente, pour croire à toujours rivée, sans meilleur lendemain, la chaîne qui les retient à leur cabanon de misères et de tortures ?

En tous cas, on reconnaît qu'il faut remplacer ces vieilles loques, et alors, chacun de « chercher quelque chose d'éclairant et de fixe. »

Qu'a-t-on trouvé ?

Il y a l'amour de la patrie.

Quoi ? L'amour de la patrie pour guider une vie d'homme ? Apercevez-vous bien comment, quand l'âme est secouée par de terribles agitations auxquelles l'idée et l'image de la patrie sont complètement étrangères, quand la volonté se débat contre les plus malsaines suggestions, il suffira d'aimer son pays pour ne point succomber ?

Et puis, il semble bien qu'il y a plusieurs manières d'aimer son pays, puisqu'il est des heures où l'on voit, au nom des intérêts de la patrie, les citoyens se diviser, s'entre-déchirer, engager des luttes dans lesquelles les meilleures forces d'une nation peuvent sombrer et s'engloutir.

Dans ces luttes là, où sont les vrais gens de bien ? Quels enseignements, quel fil conducteur ces secousses de la vie publique peuvent-elles donner pour apaiser, dans le mouvement de la vie privée, les troubles d'une conscience angoissée ?

Il y a la science. Laquelle ?

Celle qui fait des équations, découvre des lois physiques, combine des gaz ?

Qu'est-ce que cela peut avoir de commun avec le travail de la conscience ? Comment pourrait-elle y trouver des règles morales qui s'imposent, une loi de vie ?

Celle qui remue des idées, bâtit des systèmes sur l'être et sa destinée, sur Dieu, son existence, son action ?

Où est « l'éclairant et le fixe » au milieu de ces imaginations, affirmations, négations, contradictions de toutes sortes entre lesquelles se débat la raison humaine depuis que, voulant croire en elle-même et en elle seule, elle scrute, compare, fouille, et discute ?

Quelle est la vérité si solidement établie par la pure science philosophique que tous les esprits se soient inclinés devant-elle ?

Ceux réputés les plus sages sont ceux qui professent que, si l'on ne sait rien de certain sur la destinée dernière de l'homme, sur Dieu, sur la vie future, c'est qu'on ne peut rien savoir, et tout se résume en un implacable « Peut-être ».

Belle lumière pour éclairer les âmes !

Rassurante fixité pour donner aux consciences l'immuable règle de vie qu'elles réclament impérieusement !

Il y a enfin la conscience.

La conscience qui « se propose de reporter du dehors vers le dedans le besoin d'estime et d'approbation qui est naturel à l'homme, de détourner ses regards du monde où les fins qu'on se propose sont toutes proches pour les reporter vers le monde où les buts reculent indéfiniment devant la volonté et où la soif de la justice est inextinguible. »

Qu'est-ce à dire ?

N'ose-t-on plus parler un langage intelligible quand il s'agit des intérêts suprêmes de l'homme, de ses fins dernières, et, plutôt que d'appeler Dieu et la vie future par leurs noms, faut-il les laisser prudemment dans la pénombre et les remplacer par des désignations dignes de l'ironie de Molière ?

Qu'est-ce que le monde où les fins et les buts reculent indéfiniment, où la soif de la justice est inextinguible, sinon la vie future ?

Qu'est-ce que ce besoin d'estime et d'approbation naturel à l'homme, si ce n'est l'approbation de la conscience ?

Qu'est-ce que la conscience ? Qui l'inspire ? Qui l'éclaire ? Qui la gouverne ? Pourquoi ne nous le dit-on pas ?

Passe encore de parler ainsi aux beaux esprits en des jours où il faut surtout faire preuve de beau langage ; mais à la masse des déshérités, à la pauvre humanité qui gémit, offrir comme « idée simple » « les buts qui reculent », comme objets de sa foi, « les fins autres que celles où il est possible d'être satisfait à bon marché », est-ce sérieusement que l'on parle ainsi, avec l'espoir de satisfaire aux besoins de foi qu'on reconnaît exister dans l'homme, sans d'ailleurs chercher à en expliquer la source ?

Et voilà ce que les grands esprits proposent pour remplacer les vieilles croyances abolies !

Celles-ci ont vraiment le droit de se redresser fières et railleuses devant une telle impuissance, devant des doctrines qui ne savent que mettre le doute à la base et au sommet, des aspirations vagues qui n'osent reconnaître franchement ni Dieu ni le Monde futur, devant les efforts de ceux qui, après avoir tout dénié et tout promis, n'offrent rien à la foi de l'humanité.

Avec les vieilles croyances, on croit en Dieu au lieu de croire en soi-même ; on croit à la vie future où s'apaisera « la soif de l'inextinguible justice », et alors tout s'éclaire d'une lumière aux rayons de laquelle on reconnaît, sans s'y pouvoir tromper, la voie à suivre et le but à atteindre. Voie qu'ouvre l'idée de Dieu, qu'élargit et éclaire le Christ révélateur et rédempteur, le long de laquelle on trouve la Vierge et les Saints, qui se termine au paradis, au purgatoire ou à l'enfer.

On parle ici de la foi qui a pénétré au fond de l'âme, qui a saisi l'homme de telle sorte qu'elle dirige et gouverne vraiment sa vie, non de ces fois vacillantes et de bienséance qui osent à peine s'avouer, de ces demi-croyances qu'on voit hésiter, reculer, marchander, jusqu'au jour où l'épreuve étant trop forte et l'intérêt parlant trop haut, elles s'éclipsent et disparaissent.

Le vrai croyant ne cache pas sa foi, mais il n'en fait pas montre ; il se contente de bien agir.

On ne le voit point, emporté par le souffle de l'ambition, courir après la fortune en se jetant dans les folles aventures, courir après les honneurs en laissant des lambeaux de sa dignité à tous les buissons du chemin.

Il est de ceux qui restent souvent en route, alors que les autres avancent et progressent ; mais il est de ceux aussi qui n'arrivent qu'avec l'honneur sauf.

Le monde rit parfois de ce qu'on appelle ses maladresses ; lui rit toujours de ce qu'on appelle les habiletés du monde.

Il connaît le sacrifice sans le rechercher, l'accepte franchement, quand il le faut ; on s'en peut convaincre quand son intérêt est d'un côté, ses convictions et le devoir de l'autre.

On le trouve quand on a besoin de dévouement.

Les misérables le connaissent ; ils ont senti son cœur quand sa main donnait.

Il arrive au terme de la vie sans être torturé par les angoisses de l'au-delà dans lequel il a mis ses espérances.

Il a bien agi, parce qu'il a cru et espéré; la mort est l'heure où se touche le salaire promis aux bons ouvriers.

SCEPTIQUE

Le triomphateur de la vie présente; le condamné de la vie future.

Ce n'est pas qu'il ne croie à rien.

Il croit au savoir faire, à l'habileté, à la réussite, aux honneurs, à la puissance, à la richesse, au bien être, à la jouissance, aux plaisirs, à tout ce qui fait la vie aimable, brillante et dorée.

Son scepticisme ne s'applique qu'à ce qui fait la vie gênée par quelque précepte, emprisonnée dans quelque règle.

Ne lui parlez pas de vie sérieuse, austère; il haussera les épaules ou se sentira pris d'un irrésistible rire.

Il ne connaît pas l'angoisse du scrupule.

Sa seule angoisse est l'incertitude du succès. Il faut réussir. La qualité des voies, et la nature des moyens importent peu, pourvu qu'on touche le but.

Et, de fait, il le touche presque toujours, ayant l'habileté des roués et la force des gens que rien n'arrête.

Dans le monde, il est gai, aimable, spirituel, brillant ; on le recherche pour ses fines médisances et ses graveleuses histoires.

Dans les affaires, il se débrouille ; il a de l'initiative, de l'adresse, de l'audace ; il se pousse, il monte, il grandit, il arrive, il est arrivé.

Il arrive à tout, parce qu'il ne croit à rien. Combien de gens n'arrivent à rien, parce qu'ils croient à quelque chose ?

Après ?

Après ? La vie est courte. Les années brillantes de succès et de plaisir passent vite. On en a tôt vu le terme. A peine est-on parvenu au faîte, qu'il faut songer à descendre.

Les forces s'usent ; on sent le déclin qui arrive ; les jeunes sont là qui montent, se demandant quand enfin vous leur céderez la place.

Il faut partir et disparaître.

On s'éloigne du monde, parce que le monde s'éloigne de vous.

Après une vie trop libre pour que la vieillesse soit respectée, les amis des beaux jours s'en sont allés ; on est seul en face des lueurs crépusculaires pleines d'ombre et de mystère.

Que diront-elles ?

Elles diront qu'au delà de la vie présente, il y en a peut-être une autre, qu'à ces lueurs qui s'éteignent, succèderont peut-être d'autres clartés.

Elles apporteront l'angoisse de l'inconnu. Qu'est-ce que cette autre vie ? Que sera-t-elle ? Qu'aura été la vie qui finit pour la vie qui va commencer ?

Tout cela versé dans une âme usée, incapable de supporter l'éclat des grandes lumières.

On dit qu'il est de ces aimables sceptiques restant gais jusqu'à la fin, n'ayant pas les affres de la mort et les anxiétés de ce qu'on peut rencontrer après elle.

Si cette gaieté là existe, elle est la plus lugubre des gaietés.

Si ces hommes là se rencontrent, ils sont les plus tristes des hommes.

La vie n'est pas une farce ; en tout cas, le mieux est de s'assurer une bonne place pour le spectacle du lendemain.

DEVOIR

La grande loi de toute vie humaine.
Ce qui doit être imprimé dans l'esprit et dans le cœur en de tels caractères que l'homme ne puisse jamais se soustraire à ce redoutable commandement !

« Fais ce que dois. »

A condition que, vraiment, le devoir existe.

Existe-t-il ?

Certains répondent :

Qui le sait ?

Ils disent :

On ne sait que ce qu'on voit, que ce qu'on touche, que ce qu'on sent, que ce qu'on entend; en dehors des données que nous apportent les sens, rien de certain ; nous entrons dans le domaine de l'inconnaissable, de l'imagination, du sentiment ; il n'y a de vrai que la nature, la nature palpable, tangible ; tout ce qui est au delà de la nature, tout ce qui est *métaphysique*, ou bien appartient à la région des fantômes, ou ne saurait jamais constituer que d'invérifiables possibilités.

Le devoir, la conscience, l'âme, choses impalpables : par conséquent, personne ne peut affirmer qu'elles existent.

Et, alors, voilà l'homme en belle posture devant tout ce qu'il sent sourdre et bouillonner en lui ; voilà les sociétés rassurées sur eur existence, rassurées qu'elles sont sur eurs droits !

Les droits !

Misérable ! Tu me prends mon bien.

Ton bien ? D'où te vient cette insolente prétention à ce que tu appelles : un droit ? Le droit, cela ne se voit ni ne se touche ; cela n'est pas dans la nature ; cela n'existe pas.

Malheureux ! Tu violes mes lois.

Des lois ? Qu'est-ce que ces choses intangibles ?

Il n'y a de tangible que le gendarme, et je suis bien contraint de m'incliner devant lui, c'est-à-dire devant la force ; mais, quant au droit auquel je devrais me soumettre librement, dès lors que personne ne peut m'en démontrer l'existence en dehors et au-dessus des nécessités arbitraires de ce qu'on nomme la vie sociale, lorsque je pourrai m'y soustraire, je m'y soustrairai, briser les liens de l'esclavage dans lequel je suis enchaîné, je les briserai.

Domaine de l'inconnaissable, l'âme, la conscience, le devoir, ces admirables choses s'écrivent depuis des siècles ; c'est l'apport des grands penseurs à la direction de l'humanité.

Pauvre humanité ! Que serait-elle devenue, si elle n'avait eu d'autres guides ?

Elle a suivi quand même sa voie, trouvant en elle, par ce sens intime dont l'existence est aussi certaine que l'existence du sens physique, ce que les puissants remueurs d'i-d'idées refusaient d'y voir, ces chimères sans lesquelles elle ne pourrait pas vivre, qu'on appelle la conscience, le devoir, la responsabilité, la justice, Dieu !

Reconnaissons d'ailleurs que les hauts esprits qui nient ces choses ou les déclarent indémontrables vivent dans une perpétuelle et estimable contradiction avec leur doctrine.

Ils doutent de la conscience et la prennent constamment pour guide. Ils doutent de la justice et ne voudraient point en violer les règles. Ils doutent du devoir et l'accomplissent scrupuleusement.

Oui, le devoir existe, parce qu'au plus profond de lui-même l'homme sent qu'existent le bien et le mal moral; qu'il *doit* faire ce qui est bien, et ne *doit* pas faire ce qui est mal.

Dominant toutes les vies, la loi du devoir classe tous les hommes.

Elle forme la grande famille des honnêtes gens, celle que les sociétés, qu'elle soutient et fait vivre, devraient particulièrement honorer, tandis qu'on la voit si facilement oubliée et délaissée ;

Et aussi la famille des hommes sans scrupules, contre laquelle les sociétés devraient se défendre, par tous les moyens en leur pouvoir, tandis que, trop souvent, elles lui font une si large place !

Le plus bel éloge qu'on puisse faire d'un homme est contenu dans ces simples mots : « C'est un homme de devoir. »

Le blâme le plus énergique se trouve dans cette courte formule : « Il a manqué à tous ses devoirs. »

Pour garder sa place parmi les honnêtes

gens, il ne suffit point de ne pas être l'homme ayant manqué à tous ses devoirs; il faut n'avoir manqué à aucun. Tout ou rien.

Si ce n'est pas tout, ce n'est rien : le ver est dans le fruit ; il le gâtera tout entier.

On ne sera sûrement un homme de devoir :

Que si l'on sent bien au fond de soi-même l'intransigeante volonté de le remplir toujours et quand même, quoi qu'il en puisse advenir ;

Que si cette volonté arrive à ce point de nous conduire comme instinctivement au respect de la loi morale, à faire ce qui doit être fait, tout ce qui doit être fait.

Ce qui ne veut point dire que cela s'accomplira toujours sans effort.

Si droite et scrupuleuse que puisse être une âme, il y a des jours où, devant les sacrifices à consentir, la lutte se fait violente; les cœurs forts en sortent meurtris, bien que triomphants ; les cœurs faibles succombent, et, devant leur chûte, on se dit tristement ce qu'il faut de surveillance sur soi-même, de vigueur amassée pour résister à tous les assauts, pour espérer légitimement de rester quand même un homme digne d'être estimé par les gens de bien.

Le devoir est l'obligation de mettre nos actes en conformité avec le bien; or, le bien vient de Dieu et remonte à Dieu.

La conformité de nos actes avec le bien a pour sanction la justice de Dieu.

Cette justice se fait dans la vie présente ou dans la vie future; mais elle se fait certainement, exactement, sans quoi, elle ne serait pas la justice.

D'où la conséquence nécessaire que la base du devoir est dans la croyance en Dieu, en l'immortalité de notre âme soumise à la justice de Dieu, en la vie future.

La croyance en Dieu et sa justice ne suffit pas à faire un homme de devoir.

La croyance en Dieu et sa justice n'est que dérision, si elle n'agit pas sur la volonté et ne la pénètre point.

C'est par l'incessant et opiniâtre travail de la volonté qu'arrive à régner dans une âme le vrai et profond sentiment du devoir, que se forment les hommes de devoir.

Admirable travail !
En est-il beaucoup qui l'entreprennent ?

RESPONSABILITÉ

Un mot qui renferme en lui toute la vie morale, parce qu'il renferme l'idée de bien, l'idée de conscience, l'idée de devoir, l'idée de liberté, l'idée de justice.

Le bien, que la conscience discerne, le devoir, qu'elle impose et qui commande de conformer notre vie au bien, la liberté, qui permet à notre volonté de choisir entre le bien et le mal, la justice, qui récompense ou qui punit suivant le choix qui aura été fait.

Si l'on n'y prend garde, ce qui fait la dignité et ce qui est la loi de la vie humaine, la responsabilité, sera de telle sorte diminuée, qu'elle finira presque par disparaître.

La liberté! Belle chose, dit-on, pour les dissertations des philosophes; pauvre chose pour la pratique de la vie, devant les effets de l'atavisme et les exigences des tempéraments.

Est-ce que je puis sortir de mon sang, de mes nerfs, de mon cerveau, de mes viscères, de ma moelle ce que l'atavisme y a versé ?

Est-ce que, par la terrible et mystérieuse loi de transmission, il n'arrive pas trop souvent que l'homme hérite, non seulement d'un sang vicié contenant des germes de mort, d'un cerveau atrophié contenant des germes de folie, mais d'un état d'âme qui domine les dispositions de son esprit, les inspirations de sa conscience, les impulsions de sa volonté ?

Voici un égoïste qui sacrifie tout à soi, un violent qui, à la moindre contradiction éclate, rompt, brise et fait à côté de lui la vie insupportable, un ombrageux et un jaloux ne voyant qu'usurpation de ses droits, un débauché se riant des lois de la pudeur, de la famille, oubliant tout respect de soi ; cherchez en arrière, et, dans la lignée des ancêtres, vous ne tarderez pas à trouver l'explication de cet égoïsme, de cette violence, de cette inquiétude jalouse, de ce dévergondage des sens.

Les tempéraments !

Est-ce que tous peuvent passer sous le niveau de la même règle, être jugés à la même mesure ?

Les belles théories de la conscience, du devoir, de la responsabilité, bonnes pour les natures moyennes, sagement équilibrées, où rien ne saillit en grandes pousses, n'éclatent-elles pas devant ces natures à forte sève, à puissants jets, dont un beau précepte ne saurait contenir les bouillonnements ?

Conscience, devoir, responsabilité, tout cela, à de certaines heures, est emporté comme ce qui se trouve sur le chemin de la lave qu'a versée le volcan.

Tout cela est bon pour les heures calmes, non pour les heures enfiévrées, pour les âmes si mollement secouées qu'elles peuvent rester maîtresses d'elles-mêmes, non pour celles que la passion aveugle et emporte.

L'atavisme et ses effets sont indéniables.

Ataviques, nous le sommes tous ; tous nous trouvons en nous le péché d'origine.

Des penchants mauvais, à qui n'en a-t-il pas été transmis? Où donc est-il ce privilégié de la vie qui n'a trouvé en lui que des germes de droiture, de générosité, de délicatesse, d'honneur, et qui n'a eu qu'à s'abandonner au courant de tant de choses exquises pour être un de ces hommes de bien devant lesquels tout le monde s'incline ?

Le redoutable présent de la liberté ne fait

pas la vie si facile, mais aussi il la fait plus digne, par cela même qu'il impose à tous la lutte contre les instincts mauvais qui existent en nous, si heureusement que nous soyons nés.

La lutte, avons-nous le courage de l'accepter ? Tout se résume en cette simple question ?

Quoi ! Parce que ceux qui nous ont précédés ont trouvé en eux des dispositions perverses auxquelles ils se sont abandonnés et qu'ainsi ils nous ont transmis de mauvais germes, nous serions excusables de faire comme ils ont fait, excusables devant les hommes qui n'auraient rien de plus à nous demander, excusables devant Dieu qui devrait porter les défaillances des fils au compte de la justice à rendre aux pères !

Ni les hommes, pourtant si faciles, ni Dieu, inexorablement juste, ne se contenteront de si peu.

Les hommes, parce que, tant faciles qu'on les doive reconnaître, ils savent cependant que c'est le libre arbitre qui fait la personnalité, et que là où le libre arbitre subsiste, il a pour conséquence la responsabilité devant le devoir.

Dieu, parce que si la faute originelle peut amoindrir la faute de l'enfant, elle ne l'efface pas, dès lors que l'enfant, par l'effort, a pu arrêter le développement du mal héréditaire, redresser sa nature, refaire une lignée, sinon complètement affranchie de la transmission ancestrale, du moins ne la subissant plus qu'atténuée.

L'atavisme est, en définitive, le mal d'origine que chacun porte en soi, revêtant toutes les formes que comporte la pauvre nature humaine ; lutter contre ce mal incessamment, s'il n'a pas produit de tels ravages qu'il n'ait pas éteint le libre arbitre, c'est, à proprement parler, la grande loi de la vie.

La lutte sera d'autant plus âpre que le mal d'origine aura pénétré plus profondément ; on pourra se trouver devant des responsabilités diminuées ; mais si la notion du devoir subsiste, la responsabilité demeure, et l'indulgence vis-a-vis de soi-même ne saurait aller jusqu'à l'abandon sans combat, comme l'indulgence pour les autres, jusqu'à l'excuse trop facile de leurs défaillances.

Quant aux tempéraments trop puissants et trop forts pour qu'on les puisse soumettre à la règle, la prétention est vraiment quelque peu dérisoire.

Si l'entraînement est irrésistible, et si la raison ni la volonté n'en peuvent rester maîtresses, c'est la folie, et il ne s'agit pas ici des fous mais des sains d'esprit.

Pour ceux-là, si puissants qu'ils soient par l'intelligence s'élevant jusqu'au génie, si forte que soit leur volonté, fût-elle faite pour dominer les masses d'hommes, les temps, les événements, la règle et le devoir moral demeurent entiers, inflexibles.

Recherchez donc ce que leur respect aurait évité d'injustices, de cruautés, épargné de vies, écarté de souffrances, empêché de désastres, et vous vous garderez de ces pitoyables admirations qui ferment les yeux sur toutes les fautes, fouillent dans certaines vies pour en étaler toutes les misères, sans qu'on songe à mêler aux parfums allumés devant l'idole rien qui en tienne à distance.

— Faut-il donc, dira-t-on, rapetisser et embourgeoiser le génie ?

— On ne rapetisse personne en soumettant tout le monde à la loi de Dieu, de cent coudées plus haute que le génie des hommes.

Tempéraments trop forts pour la règle ! Mais, qui ne voit que tout le monde prétendrait être de ces tempéraments là et que la règle ne serait plus faite que pour les niais qui consentiraient à s'y soumettre.

Au fond et au vrai, c'est la lutte contre

soi-même qu'on ne veut pas entreprendre, parce qu'on ne se sent pas le courage de la bien soutenir, et c'est pour excuser ses propres défaillances qu'on est si prompt à excuser les défaillances d'autrui !

On s'abandonne à ses dispositions natives, ataviques, et l'on arrive à une espèce d'inconscience des effets reprochables qu'elles produisent, du dommage qu'elles peuvent causer à soi-même et aux autres.

Cette inconscience là n'enlève pas la responsabilité, parce qu'elle est le résultat d'un premier manquement au devoir.

L'homme qui, pour n'avoir pas exercé, quand il le pouvait, la surveillance à laquelle nous sommes tous tenus envers nous-mêmes, est arrivé à la cécité morale, tombe et se se brise par sa faute.

Donc, il faut lutter ; c'est la loi commune à laquelle nul ne peut se soustraire.

La vertu sans combat, n'est pas la vertu.

L'honnêteté, la pureté sans lutte, ne sont pas la vraie honnêteté et la vraie pureté.

Honneur à ceux dont la vie s'est passée dans un corps à corps terrible avec les germes de vice trouvés dans leur sang et qui ont fini par en triompher !

Songeons que nous aurons à rendre compte

à un juge suprême qui n'a promis la paix qu'aux hommes de bonne volonté.

La bonne volonté, c'est la volonté d'arracher de notre âme les penchants mauvais, quelque dur que soit l'effort, c'est de nous purifier des souillures, de redresser la race, quand il est besoin, et de la faire rentrer dans les fortes lignées des âmes généreuses.

Celui qui accomplira cette œuvre, aura droit à une récompense double.

Celui qui ne la voudra pas entreprendre, n'aura mérité que la peine réservée aux déserteurs et aux lâches.

CONSCIENCE

Le grand régulateur de toute vie.
Un inséparable compagnon de route, mais parfois si gênant !

Une voix du dedans qui se met à parler juste au moment où l'on désirerait qu'elle se tût.

Un juge qu'on voudrait appeler à d'autres fonctions, mais qui, se sachant inamovible, persiste à juger quand même.

Il peut arriver que le régulateur se fausse et s'arrête, qu'on finisse par se débarrasser du compagnon de route jeté dans quelque fossé, que la voix ne se fasse plus entendre, que le juge ait été corrompu.

C'est la mort de l'âme, la dépravation, l'avilissement, l'abjection.

Cela ne se rencontre pas seulement dans les bas-fonds d'une société, mais à tous les étages; cela se recouvre du vernis et des oripeaux dorés du monde; cela s'accepte, se recherche, s'honore; cela porte haut la tête et a toutes les insolences du succès.

Dans les luttes de la vie, tout à craindre de ces consciences éteintes, fâcheuse et redoutable rencontre que celle de ces hommes contre lesquels on n'a que l'insuffisante protection de la loi qui punit les malfaiteurs, ou des jugements du monde qui ne consent à flétrir les excès d'audace et les entreprises malhonnêtes que juste pendant le temps nécessaire pour voir s'ils n'ont pas réussi.

Ne sont pas beaucoup moins dangereux, ceux dont la conscience le plus souvent endormie et silencieuse paraît vouloir se réveiller à de certaines heures, mais pour parler si bas qu'elle ne laisse entendre rien que d'indécis et de confus; elle vit assez pour qu'on veuille se prévaloir de ce qu'elle ne proteste pas; elle vit trop peu pour empêcher une mauvaise action.

Elle ne sert qu'à colorer le mal des faux scrupules du bien; consciences hypocrites dont les prétendues erreurs n'innocentent rien, surtout faites pour tromper, moins ceux qu'elles semblent diriger que ceux qui en sont les dupes.

Où donc sont-elles les fortes consciences parlant haut et ferme, celles qu'on entend toujours, qui maîtrisent, dirigent, gouvernent la vie, celles qui flétrissent les coquins où qu'ils soient, et font les vrais gens de bien ?

On les trouve chez les hommes qui se sont habitués dès la première heure à écouter la voix du dedans, qui ont eu le souci, pour la mieux entendre, d'affiner l'ouïe de l'âme, qui, entrés parfois en lutte avec elle, ne sont pas allés jusqu'à la révolte, ou qui, ayant, un jour, méconnu ses défenses, le lendemain, vaincus par le remords, ont dignement apporté leur soumission et leur repentir.

C'est la haute race des honnêtes gens.

Leur conscience les a faits droits, justes, honnêtes, loyaux, délicats et purs; ils ont eu soin d'entretenir la lampe du sanctuaire digne d'abriter une conscience enseignant la droiture, la justice, l'honnêteté, la loyauté, la délicatesse, la pureté.

Si, en effet, la conscience est le grand instrument de la vie morale; il faut veiller sur cet instrument avec une inquiétude jalouse, dans la crainte qu'il ne se détériore, ne se rouille, ne se fausse.

Il faut lui éviter les mauvais voisinages, les contacts dangereux, les miasmes, le mauvais air.

Ainsi, par un effort de sa volonté, l'homme de bien veille d'une façon assidue sur sa conscience, la préserve, la solidifie, l'élève, pour recevoir en retour d'impérieuses et intraitables défenses quand l'âme sera sollicitée vers le mal, d'irrésistibles élans, qui, à de certaines heures, l'entraîneront vers le bien et les sublimités du dévouement.

On dirait le malade surveillant le médecin pour entretenir ses forces à son profit, si l'homme qui veille sur sa conscience, n'était pas dans un état admirablement sain.

Toujours est-il que le meilleur et le plus nécessaire travail est celui qui s'exerce sur soi-même, qui tend à nous donner le goût instinctif de ce qui est honnête et juste.

L'instinct de l'honnête et du juste, c'est-à-dire, la vue claire et rapide du devoir, la volonté ferme, quand le devoir a été aperçu, d'y conformer exactement ses actes, c'est l'état d'âme que chacun doit s'efforcer de conquérir, si l'on veut pouvoir se reposer sur les inspirations de sa conscience.

Quelle plus noble, mais aussi quelle plus rare conquête ?

Voyez-vous ce monde d'agités courant à la fortune, s'efforçant de monter au pouvoir par toutes les voies ; parmi eux, quelques attardés, calmes, maîtres d'eux-mêmes, regardant bien le chemin qu'ils suivent pour éviter la boue et arriver sans souillures ?

Voyez-vous cette foule indulgente aux parvenus, absolvant toutes les turpitudes, apportant son encens et ses sacrifices aux veaux de l'or et de la puissance ; dans ses rangs, quelques êtres singuliers qui ne s'inclinent pas, ne se prosternent jamais, flétrissent quand même tout ce qui est honteux, n'apportent leurs hommages qu'à ce qui est respectable et digne ?

Petit nombre des élus !

Combien en est-il qui consentent à entreprendre cette lutte incessante avec soi-même d'où sortent des consciences fermement droites, résistant aux morbidités des ambiances, tourmentées par le souci de remplacer la spontanéité des impulsions par la claire et calme vue du devoir, d'acquérir la force de volonté qui triomphe des hésitations, fait taire les suggestions de l'intérêt !

D'un côté fourmilière d'hommes que rien n'arrête et que rien n'écœure ; de l'autre, pauvre petit clan de nobles âmes, de consciences exigeantes et difficiles; il semble perdu dans l'innombrable; il suffit pour y maintenir quand même le sentiment de l'honnêteté et de la justice.

Lutte admirable que celle soutenue au dedans de soi-même pour demeurer honnête et droit, parce qu'elle met en mouvement tout ce qu'il y a de pur et d'élevé dans l'homme : il ne suffit pas que la conscience soit exigeante et difficile, il faut encore qu'elle soit éclairée, qu'elle ait la vue juste et prompte du parti à prendre et du chemin à suivre.

Pour bien discerner sa voie au milieu des multiples complications de la vie, éviter non seulement les chutes, mais les faux-pas, les compromissions, les mauvaises apparences, il faut, dans la pensée, la netteté clairvoyante, la sûreté dans le jugement, la mesure sans laquelle les meilleures intentions ne conduisent qu'à de pitoyables effets, en un mot, un état d'esprit et de cœur qui ne peut appartenir qu'à l'élite des âmes.

Seuls, peuvent prendre rang dans cette élite les hommes dont la vie est dominée par une ferme notion de la destinée humaine et de la loi qui permet de l'accomplir.

Ceux qui croient à l'âme libre et responsable, au devoir, à Dieu et à sa justice.

Le monde rit de ces austères et de ces scrupuleux ; il ferait mieux d'honorer en eux les gardiens de l'inflexible droiture, les serviteurs respectueux de tout ce qui est honnête et juste, les intransigeants de la dignité morale.

Le monde traite de consciences étroites celles qui repoussent ses ambitions, ses plaisirs et ses joies; sa conscience à lui est si large qu'on ne sait quelles hontes elle n'innocenterait point.

LE CŒUR

La région de l'âme d'où sort ce qu'il y a de plus grand, de plus noble, de plus généreux, comme ce qu'il y a de pire, de plus vil et de plus bas dans la pensée, dans la volonté, dans l'amour.

Le cœur échauffe, enflamme, illumine, — « les grandes pensées viennent du cœur », — mais il glace aussi et il éteint.

D'une pensée juste et droite, il peut faire une inépuisable source d'où jailliront d'admirables dévouements et de sublimes actes de vertu.

D'une pensée mauvaise, il peut faire sortir de détestables entreprises, des actes d'injustice, de méchanceté qui engendreront d'horribles souffrances.

Que ne peut-on espérer d'un bon cœur, d'un grand cœur ?

Que ne peut-on redouter d'un cœur méchant ?

Un grand cœur !

C'est-à-dire, hanté par les grands rêves, ayant la passion, non de la gloire et du bruit qui énerve les âmes, mais du sacrifice de soi qui les ennoblit.

Chef de peuple, soldat, homme public, citoyen dépensant ses forces sans compter, sachant verser son sang et sacrifier sa vie pour la sainte patrie ;

Homme privé, compatissant à ceux qui souffrent, cherchant les misères du corps pour les soulager, les épreuves de l'âme pour les adoucir, n'ayant pas le dédain, mais l'amour du pauvre, pas le culte des grands, mais le respect des petits.

Un cœur méchant !

C'est-à-dire sec, dur, cruel, inaccessible à la pitié, ne connaissant pas la crainte de blesser et de faire souffrir, sacrifiant tout à son intérêt, à son ambition, à ses jouissances, à ses plaisirs, traître à ceux qui se confient à lui, lâche devant le péril, riant de ceux qui se dévouent, se moquant des niais qui se sacrifient.

Il n'y a pas seulement de grands cœurs qui s'élèvent jusqu'aux sommets du dévouement, de méchants cœurs qui descendent dans les derniers bas-fonds de la dépravation ; il y a cette multitude d'êtres auxquels a été plus ou moins accordé ou refusé le don de sentir généreusement.

Tâchez de vous placer parmi ceux que désigne cette simple et admirable parole : « C'est un homme de cœur. »

C'est-à-dire un homme au cœur capable de battre pour les causes justes et saintes, de se dévouer pour les honnêtes et les persécutés, d'aimer, de défendre, de soutenir, de sauver.

Craignez qu'on ne vous classe parmi ceux dont on dit : « C'est un pauvre cœur. »

C'est-à-dire un cœur enfermé dans un étroit cercle d'affections auxquelles il demande plus qu'il ne donne, ne songeant à autrui qu'à travers lui-même, incapable de sacrifice.

Et si l'on allait vous appliquer ce mot terrible : « C'est un homme sans cœur ! »

Est-ce qu'on ne peut rien sur son cœur? Est-ce qu'il faut renoncer à l'élever, à l'élargir, à lui donner l'amour des joies pures, des saines émotions ?

A quoi bon entreprendre le travail que tout homme est tenu de faire sur soi-même, s'il ne peut rien pour modifier ce qui est comme l'essence et la partie maîtresse de son être ?

De même que, par les efforts de son esprit, l'homme arrive à dégager plus sûrement et plus vite la vérité, par la discipline imposée à sa volonté, à demeurer fermement dans la voie de la justice, de même, peut-il chasser de son cœur les sentiments vils et bas et lui donner le besoin des émotions généreuses.

La volonté, qui est au fond de toute conquête faite sur soi, pour peu qu'elle trouve un point d'appui, devient un levier d'une merveilleuse puissance.

Mais où sont les hommes qui ont le souci de donner à leur esprit, à leur cœur, à leur volonté l'accoutumance du bien, qui consentent à quitter les basses régions où l'intérêt personnel règne en maître pour monter en celles où l'on aspire l'air pur des générosités, du dévouement, du sacrifice. ?

Pour faire les grands cœurs, il faut les grandes clartés. Celles qui finissent à l'horizon terrestre, sont trop faibles et trop confuses.

Il faut les lumières de l'au-delà !

Pourquoi se dévouer, rêver de bien à faire, si tout se termine avec la vie présente ?

A quoi bon le sacrifice de soi ?

Si c'est le sacrifice de la vie et qu'au delà de la vie il n'y ait plus rien, s'oublier ainsi n'est que sottise et duperie.

Comme ces doctrines là fortifient, élèvent, échauffent les cœurs !

Comme elles font des généreux, des dévoués, des vaillants !

Mieux vaut vraiment se soumettre à la loi de celui qui a pris un gibet pour symbole.

PROVIDENCE

Un secours auquel on ne croit pas assez ou auquel on croit trop.

On n'y croit pas assez, lorsque, comptant sur ses propres forces, on néglige de demander l'aide de Dieu.

Les forces de l'homme ! Comment peut-il arriver à ce point d'aveuglement de s'y confier ?

Est-ce que chaque heure de la vie ne lui montre pas sa fragilité et son impuissance ? Ses bras, un accident peut les briser, la maladie les rendre inertes ; son faible cerveau, un effort trop énergique, un rayon de soleil trop ardent peuvent l'éteindre.

Qu'est l'homme, sans secours et sans aide, devant le mouvement des forces physiques qui, à tout instant, peuvent le broyer ? Qu'est-il, au milieu du tourbillon et de la lutte des intérêts ennemis, sinon un grain de sable destiné à être piétiné comme ceux sur lesquels il marche ?

Et il n'élèverait pas ses yeux, sa pensée, son cœur; il ne ferait pas monter sa prière vers Celui qui est le maître des hommes et des choses, qui brise les puissants et protège les petits, qui soutient les humbles et abat les superbes !

Il semble que Dieu soit trop haut et trop loin, que son aide soit trop incertaine, pour qu'on recoure à lui. Les hommes sont plus près et, avec eux, on sait mieux sur quoi compter.

On peut compter sur l'abandon et le délaissement, quand on aura besoin de leur assistance.

Appuis humains, amitiés humaines, planches vermoulues et pourries ! Elles ne peuvent porter que la prospérité ; elles s'effondrent sous l'infortune et l'adversité.

Chacun pour soi ; malheur aux pauvres et aux misérables ; malheur à ceux qui sombrent et se noient, c'est, au fond et au vrai, la parole et la pratique du monde.

Qu'est-ce d'ailleurs qu'un peu du superflu de la puissance, du temps, de la richesse jeté dans le gouffre des misères humaines ?

Le secours de Dieu vient aux simples, non aux orgueilleux. Demandez et vous recevrez ; cherchez et vous trouverez, est une promesse faite aux petits et aux humbles. Ceux-là reçoivent et trouvent, parce qu'ils ont cru, souffert et espéré.

S'il en est qui ne croient pas assez à la Providence divine, il en est d'autres qui comptent trop sur elle.

Pour ceux-là, le secours est dû ; il faut qu'il vienne, au moment, à l'heure où on le demande, sous la forme qu'on désire ou qu'on juge nécessaire.

On a tiré sur Dieu ; l'effet doit être acquitté à son échéance, ou bien l'on proteste et, volontiers, on accuserait la bonté, sinon la justice divines de manquer à ce qu'on était en droit d'attendre d'elles.

Le résultat le plus sûr d'une pareille disposition d'esprit est d'énerver l'action, de diminuer l'énergie de la lutte.

Quand les uns se fient trop à leurs propres forces, il ne faut pas que les autres n'en usent pas assez.

La vieille formule « Aide-toi, le Ciel t'aidera » est toujours la bonne, parce qu'elle fait appel à l'effort de l'homme et à l'espoir en Dieu.

Aide-toi, d'abord; emploies-y toutes les forces de ton esprit, toute l'énergie de ta volonté ; si l'emploi en a été honnêtement fait, espère dans le secours de Dieu.

Ce secours là n'est pas réservé aux mous, aux lâches, aux défaillants, à ceux qui s'abandonnent, mais bien aux vaillants, aux généreux, à ceux qui savent lutter.

En tout cas, il n'est pas dû. Dieu n'est jamais dans notre dette; c'est nous qui, par nos misères et nos fautes, sommes toujours dans la sienne.

L'aide qu'il nous donne est un acte, non de sa justice, mais de sa bonté ; à nous de la mériter par une espérance que rien n'abatte, une foi que rien n'éteigne.

Ce qui semble gouverner le monde, c'est que nous soyons saisis par des lois immuables et brutales, que nous nous débattions contre elles, qu'elles nous broient, si nous nous laissons maladroitement prendre dans leurs engrenages, qu'elles nous deviennent un levier, si nous savons nous en servir. En stricte vérité, le jeu de ces lois, si immuables qu'elles soient, n'atteint les individus que subordonné à une volonté supérieure; nous ne sommes jetés à terre ou nous ne nous élevons, que si Dieu le veut.

« Il ne tombera pas un cheveu de ta tête, sans ma permission. »

Il faut donc lui demander son secours, ne pas le recevoir en ingrats, s'il nous le donne, ne pas nous plaindre en révoltés, s'il nous le refuse, agir et user de nos forces, comme si nous devions rester seuls, en espérant quand même.

Dure et angoissée serait la vie, si l'on ne pouvait compter que sur soi-même !

Pauvre et triste encore, si elle était réduite à l'assistance et aux amitiés humaines !

L'âme et le cœur ont besoin de chercher plus haut, bien plus haut, pour trouver un secours et une amitié qui ne puissent tromper.

Tout en l'espérant, il faut lutter courageusement, encore, toujours, lutter contre les maux de la vie, contre l'injustice, contre l'oppression, contre l'infortune, contre la ruine ; lutter contre nous-mêmes, contre nos mauvais entraînements, nos instincts pervers, lutter pour rester, quoi qu'il advienne, de ceux ayant droit, aujourd'hui, au respect des gens de bien, demain, au bon accueil de Dieu.

DÉVOTION

Il en est de diverses sortes, parce que, même dans la communauté des croyances, chacun subit l'influence de son caractère et de sa nature propre.

Il y a la dévotion haute et large, surtout préoccupée d'apporter l'hommage d'un esprit droit, d'une volonté ferme, d'une âme pure, et aussi, la petite et l'étroite, emprisonnée dans de mesquines pratiques.

Il y a la dévotion indulgente, qui attend patiemment et espère quand même la conversion du pécheur, qui ne juge point, ne condamne ni ne veut contraindre ; et aussi, la sévère et l'intolérante, qui ne peut admettre qu'on ne s'agenouille pas où elle s'agenouille, qu'on ne prie pas comme elle prie, qu'on n'adore pas comme elle adore.

Il y a la dévotion aimable, qui ne se refuse

point aux joies honnêtes et s'y complaît, douce et bonne à tous, surtout aux incroyants, qui accomplit son œuvre sans ostentation et sans bruit ; et puis, il y a la chagrine qui croit que la perfection chrétienne commande de ne pas se mêler à l'activité du monde, de s'isoler de toutes ses joies, de vivre dans une inquiète défiance de soi et des autres, dans une continuelle tension de la pensée et une perpétuelle sollicitude de l'âme.

Il y a la dévotion des âmes simples, naïves, mais sincères et droites.

Qu'importe que, chez elles, la dévotion se traduise par des manifestations qui paraissent ou mesquines ou risibles ? Dieu est tellement grand et, devant lui, l'homme se sent si petit, qu'il ne sait comment l'honorer.

Et puis, il y a une telle diversité dans les vies humaines, qu'on doit la retrouver dans les hommages rendus à l'être divin ; le principal est qu'on le reconnaisse, qu'on l'adore, qu'on respecte sa loi.

En un mot, il y a des dévotions portant le reflet de tous les esprits, de tous les caractères, de toutes les natures, de toutes les humeurs.

Quand elle est vraie, dénuée de tout souci extérieur, même étroite et déplaisante, la dévotion a droit au respect...

Pourvu qu'elle agisse sur l'âme et la rende meilleure.

Mais des dévots qui ont droit aux risées et qu'on doit fuir, sont ceux dont la dévotion, toute en dehors et de surface, n'a pas versé dans le cœur un sentiment généreux, marqué la vie à l'empreinte du véritable homme de bien ;

Les dévots qui dénigrent et qui blessent, quand ils ne calomnient point, qui se poussent dans le monde par des moyens suspects sinon inavouables; les dévots hautains et vaniteux qui, regardant du côté de Dieu, se prosternent plus bas que les autres, pour, l'instant d'après, regardant du côté du monde, se relever pleins d'orgueil et de dédain ;

Ceux dont la bouche s'ouvre pour prêcher la charité et dont la main se ferme, quand il s'agit de la faire ;

Les dévotes au fiel, jamais à la bonté et à l'indulgence, sèches, aigres, envieuses, méchantes, cherchant dans les œuvres charitables un déguisement et une parure, s'arrêtant volontiers sous le parvis du temple, pour médire de celles qui y prient encore ou qui y viendront prier.

Une pauvre et triste dévotion, sur laquelle il faut plutôt gémir que se montrer trop sévère, est celle qui rapetisse l'esprit, l'obscurcit au lieu de l'éclairer, qui brise la volonté, arrête l'action par des scrupules jamais apaisés, par les angoisses d'une conscience que tout alarme.

A moins que ce ne soit la faiblesse de l'esprit et de la volonté qui recouvrent leurs défaillances d'un pieux manteau.

On arrive à ne pas voir même les montagnes, à sacrifier les intérêts les plus sacrés, et l'on prie toujours !

Ce n'est pas la dévotion qui conduit à ce pitoyable état d'âme ; c'est le pitoyable état de l'âme qui conduit à cette dévotion.

Prenons garde de confondre avec les faux dévots ceux qui sont simplement des hommes obéissant honnêtement à leurs croyances.

Traiter de tartufes tous les gens qui s'agenouillent est bientôt dit ; rire de tous les gens qui prient est bientôt fait.

Il vaut mieux s'agenouiller et prier quand on est maître de soi, de sa pensée, de sa volonté, que de le faire quand on se débat contre les affres de la mort.

Il y a d'autres tartufes que les tartufes de la dévotion.

Il y a les tartufes du repos de l'esprit, quand on est aux prises avec les terribles angoisses du doute ;

Les tartufes du calme et de la confiance, quand on a effroyablement peur.

Les gens qui crient le plus fort aux dévots et aux cafards font l'effet de ceux qui chantent dans la nuit pour se rassurer et se donner du cœur.

Ils ne se rassurent point ; leur cœur reste ému et troublé pendant que ceux dont ils rient sont dans la paix de la foi et le calme du devoir accompli.

Ce n'est pas la dévotion qui effraie ; c'est ce qu'on aperçoit derrière la dévotion, quand on la sait sincère et vraie.

Ce n'est pas de plier le genou qui répugne et qui arrête ; c'est de plier son âme, sa volonté, sa vie à la règle, à toute la règle.

Les spirituelles moqueries auxquelles on se livre contre les dévots pourraient bien ne recouvrir que des défaillances et des lâchetés.

Deux choses sont à mépriser et à flétrir.

L'hypocrisie de la dévotion chez ceux qui ne croient pas ;

La lâcheté du silence et de l'abstention chez l'homme qui croit et n'ose pas le montrer.

LE PRÊTRE

La plus haute dignité morale à laquelle un homme puisse atteindre ; mais combien difficile et lourde à porter !

Un homme ! chez lequel on veut que toutes les faiblesses et les misères humaines disparaissent de telle sorte qu'on n'aperçoive plus en lui que le caractère sacré, que le dispensateur des secours surnaturels, que le ministre du Dieu de justice, de miséricorde et de paix.

Et c'est un droit de se montrer aussi exigeant vis-à-vis du prêtre, tant sa mission est haute.

Songez donc :

Le prêtre catholique est dépositaire de tous les secrets ; il pénètre dans les derniers replis des âmes ; il enseigne, il écoute, il recueille, il conseille, il dirige, il soutient, il console, il condamne, il absout, il guide la vie et prépare la mort ; il est le passager de la vie présente à la vie future. Quel rôle, qui serait bien trop grand pour un homme, si cet homme n'était le mandataire de Dieu !

Mandataire de Dieu, il faudra qu'il le demeure quand même, courant vers les petits et les humbles, vers tous ceux que visite la souffrance, que troublent les angoisses de l'esprit et de l'âme, que meurtrissent les tortures du corps, que découragent les difficultés de la vie, qu'abattent les épreuves de l'adversité.

Mandataire toujours prêt à s'oublier, à se dévouer, à se sacrifier, ayant sans cesse devant les yeux l'image du crucifié, son maître, son modèle, son juge.

Arrière les ambitieux, ceux qui se préoccupent des biens, des profits, des honneurs de ce monde, les quêteurs de mitre et de crosse ; place aux obscurs, aux vaillants, aux dévoués, aux apôtres, à ceux que remuent la passion du bien, l'amour et le souci des âmes.

Plus le monde est corrompu, plus il veut voir frappés à la marque de la sainteté ceux qui prétendent lui enseigner ses devoirs. Aussi, chez le prêtre, plus l'homme se montre, plus le prêtre s'efface ; on discute l'homme aux dépens du prêtre ; le bruit qui se fait autour de l'un empêche d'entendre et de recueillir la parole de l'autre.

Si le prêtre ne se souvient pas assez de son caractère sacré, le monde, lui, ne l'oublie jamais. Il ne respecte pas toujours ceux qui se dévouent ; il est implacablement sévère pour ceux qui mêlent trop les choses de la terre aux choses du ciel.

Jamais, pour remplir la mission du prêtre, il n'a été besoin de cœurs mieux préparés, plus solides et plus généreux.

Vous tous qui ne vous sentez pas l'âme travaillée par la passion du dévouement, qui n'avez point vu que, dans notre pauvre société en proie à tant de misères, la vie du prêtre ne peut être qu'une vie de lutte et de sacrifice, qui avez rêvé autre chose que la pauvreté, le dédain ou l'opprobre, restez dans le monde, vous y êtes à votre place.

Et vous, qui rêvez de mal à réparer, de plaies à guérir ; vous, entrés dans le sacerdoce sous l'empire de ces pensées saintes qui, seules, doivent être au fond d'une vocation de prêtre, veillez sur vous, retrempez-vous aux sources fécondes de la méditation et de la prière pour rester de vrais prêtres dignes de l'estime des hommes et de l'aide de Dieu.

D'autres ont le droit de sentir la lassitude et de chercher le repos ; vous, point. En marche toujours pour recueillir les âmes naufragées.

Soldats de Dieu, quand il est honni, et conspué, ce n'est pas le moment de former les faisceaux ; il faut continuer à croiser le fer et combattre jusqu'à l'épuisement des dernières forces.

PRIÈRE

Comment notre pensée, notre âme peuvent-elles se détacher si facilement de Dieu ?

De Dieu, créateur, auquel nous devons tout, de qui nous dépendons en tout ?

De Dieu, l'infini, la source de la Vérité, du bien, du beau, de la justice, de la charité ?

De Dieu, providence, présidant à tous les événements de ce monde, y distribuant la joie et la douleur, l'expiation et la récompense ?

Et, cependant, ne peut-on pas dire que, croyant en Dieu, nous vivons comme si nous n'y croyions pas ?

Que, dépendants de Dieu, nous agissons comme si nous étions libres et maîtres de nous-mêmes ?

Qu'exposés à toutes les défaillances, nous comptons trouver en nous assez de forces pour pratiquer toutes les vertus ?

Qu'exposés à toutes les misères, nous nous fions à notre habileté pour les remplacer par toutes les joies ?

Pauvre être si fragile que tu seras brisé le jour où la main de Dieu ne te soutiendra plus, pourquoi est-ce que tu n'habitues pas ton esprit et ton cœur à remonter vers lui, à s'incliner devant son infinie puissance, à lui demander le secours de son infinie bonté ?

Pourquoi ne relies-tu pas ton âme à l'âme de Dieu par la prière ?

Quand songeons-nous à prier ?

Quand l'angoisse nous étreint, que la douleur nous torture, que tous les secours humains nous manquent, que nous sentons la ruine ou la mort s'avancer. Nous nous rappelons alors Celui que nous avons tant oublié ; nous nous faisons humblement suppliants, quitte à nous faire insolemment ingrats, si nous avons été exaucés.

Il faut la souffrance et la peur pour nous rapprocher de Dieu et nous faire prier.

C'est la prière du mendiant et du besogneux.

Celle qui honore l'homme et qui doit toucher Dieu, c'est la prière d'une âme libre montant volontairement et simplement vers le souverain maître pour lui porter ses hommages et lui demander son aide ;

C'est la prière de l'homme heureux remerciant de son bonheur ;

De l'homme occupant les sommets et demandant les vertus nécessaires pour en accomplir dignement tous les devoirs ;

C'est la prière humble, respectueuse, confiante, inspirée par une foi sincère.

Elle élève l'homme qui sait s'abaisser devant Dieu ; elle fait des âmes fortes et des cœurs généreux ; on la trouve sur les lèvres des honnêtes gens.

Le pharisien croit volontiers faire honneur à Dieu en s'inclinant devant lui.

L'homme de vraie foi croit seulement s'honorer lui-même en honorant Dieu.

Le pharisien prie mal, mais il prie.

Combien restent en dessous même du pharisien !

Il est vrai que, si l'on ne prie pas, c'est par respect pour la majesté divine.

Dieu est immuable : comment songer à le faire sortir de son immutabilité ?

Dieu est la souveraine et nécessaire justice : comment lui demander d'épargner le coupable, c'est-à-dire, de cesser d'être juste ?

Dieu est immuable, sans doute, mais le

temps n'existe pas pour lui, ce qui fait qu'il a tout vu de toute éternité ; il a vu nos besoins, et y a satisfait ; nos fautes, et jugé si elles devaient être impitoyablement punies ou si elles étaient dignes de pardon ; il a vu des bras tendus vers lui, il a entendu des voix repenties criant miséricorde, et il a décidé que sa justice pourrait adoucir l'expiation, abréger l'épreuve sans cesser d'être la justice.

S'il en est ainsi, quand je crois à l'éternelle providence de Dieu, à sa toute puissance, à sa bonté, comment se fait-il que je méconnaisse son immutabilité et que j'insulte à sa justice ?

Ces saintes choses qu'on appelle la pitié, la bonté, l'indulgence peuvent bien inspirer la justice humaine et la rendre meilleure, mais croire qu'elles peuvent trouver leur place dans la justice de Dieu n'est plus, paraît-il, que dérision !

Dérision, ce besoin que nous sentons au plus profond de nous-mêmes : prier !

Prier celui de qui vient toute joie, qui envoie la peine et l'épreuve, qui soutient et qui sauve !

Prier, les genoux fléchis, les mains jointes, les yeux vers le ciel, pour le salut d'une vie qui est plus que notre vie, pour que soit écarté un calice trop amer à nos lèvres !

Dérision, cette sublime prière donnée par le Christ et avec laquelle les hommes continueront d'implorer leur père qui est dans les cieux !

Dérision ? Ne serait-elle point du côté de ceux qui veulent mesurer à Dieu sa puissance, limiter son domaine d'où ils lui défendent de sortir, qui méconnaissent les plus irrésistibles besoins de l'âme humaine, qui ne consentent à adorer Dieu qu'à la condition de ne pas plier les genoux devant lui, de demeurer dans l'orgueilleuse insoumission de leur esprit et la commode liberté de leur vie ?

MÉDITATION

On réfléchit sur les choses et les intérêts de ce monde ; on médite sur les choses et les intérêts de l'éternité.

Quand il s'agit des choses et des intérêts de ce monde, quelle intensité de réflexion ! Comme nous voulons tout voir, tout peser, tout prévoir, tout calculer, nous assurer toutes les chances de réussite et de succès !

Quand il s'agit des choses et des intérêts de l'éternité, qui donc songe à y fixer sa pensée ? Qui donc veut se ménager dans l'âme une place libre pour méditer sur ses devoirs, sur la loi de sa vie, sur les vérités éternelles ?

Et, pourtant, méditer, c'est-à-dire, dans le calme et dans le silence, quand on a fait taire tous les bruits du dehors, se mettre bien en face de ce que doit-être la vie présente pour que l'on puisse mériter les joies de la vie future, n'est-ce pas la vraie source des sages pensées, des saines et viriles résolutions ?

Si, par la réflexion longue, sérieuse, mûrie, nous restons, la plupart du temps, maîtres des événements de ce monde, par la méditation fermement pratiquée, nous deviendrions maîtres de notre pensée, de nos intentions, de notre volonté, et, par là, maîtres de nos destinées dernières.

Pour méditer ainsi, il faut fortement vouloir ; pourquoi notre volonté, si énergique quand il s'agit de défendre les intérêts de la terre, se fait-elle si molle et vacillante quand il ne s'agit plus que des intérêts du ciel ?

Pourquoi nos yeux saisissent-ils si vite et si amoureusement ce qui nous séduit, ce qui passe, ce qui meurt ?

Pourquoi se ferment-ils et devenons-nous aveugles quand il s'agit de voir ce qui doit durer toujours ?

N'est-ce point parce que nous redoutons la vue trop claire et trop nette du devoir ?

Que l'ayant trop bien aperçu, nous craignions de nous trouver trop faibles pour le bien remplir ?

Que nous défiant de notre volonté et de notre courage, nous préférions, pour notre conscience, la demi-obscurité à la pleine lumière ?

Pour la conscience, la demi-obscurité, c'est la nuit; il lui faut le grand jour.

La voie que nous devons suivre est-elle si droite, si inondée de clartés que nous n'ayons pas besoin d'habituer nos yeux à la reconnaître ?

N'avons-nous pas à craindre de nous briser contre les obstacles du chemin ?

Les obstacles, qui nous les montrera, si nous jetons au dehors toutes les forces de notre esprit, sans rien garder pour le mystérieux travail du dedans destiné à régler cette partie supérieure de notre vie qu'on appelle la vie morale ?

Nos croyances sont assaillies, vilipendées, conspuées ; sommes-nous bien sûrs de résister à ces attaques, qu'un jour le doute ne nous envahira pas, si nous ne prenons soin de nous confirmer dans notre foi ?

Et si nous continuons de croire fermement, n'éprouverons-nous pas le besoin de défendre la vérité contre les mensonges des sophistes et la haine des sectaires ?

Où trouverons-nous la confirmation et le soutien dont nous pouvons avoir nous-mêmes besoin, les armes qui nous sont nécessaires pour repousser les assauts livrés à nos croyances, si ce n'est dans la méditation ?

Dans celle qui pèse les événements humains au poids du sanctuaire, qui apportant à l'esprit les grandes clartés, le laisse calme devant les contradictions, maître de sa voie et sûr d'atteindre le but auquel elle conduit ?

Que de profits à recueillir dans cette pénétration par notre pensée de la pensée et de l'œuvre de Dieu ?

Quel foyer pour se réchauffer quand on se sent froid à l'âme, pour retrouver la force de lutter, quand on se sent près de défaillir !

Mais combien y a-t-il d'hommes qui veuillent prendre la peine de méditer ?

LE CARACTÈRE

Une volonté forte mise au service de ce qui est honnête.

Si la force de la volonté, qui peut s'affirmer dans les plus détestables choses, est souvent un redoutable instrument pour le mal, avec le caractère, elle devient un admirable instrument pour le bien.

On ne dit pas des coquins qu'ils sont des hommes de caractère : cela ne se dit que des gens de bien.

Avec le caractère, la pensée va naturellement à ce qui est juste, la conscience à ce qui est droit ; le cœur à ce qui est généreux ; la volonté écarte d'instinct ce qui est équivoque ; elle se refuse d'une façon invincible à ce qui est déshonnête.

Chez l'homme privé, c'est la délicatesse,

la sûreté des rapports, la loyauté insoupçonnée, l'honneur que rien ne ternit.

Chez l'homme public, c'est le dévouement au pays, la recherche passionnée de l'intérêt de tous, la vie restée pure des mauvaises compromissions, des trahisons, des lâchetés qu'enfantent si facilement l'ambition et la pratique du pouvoir.

Les vrais hommes de caractère ont la clairvoyance de l'esprit à l'égal de la générosité du cœur.

Ils flairent les pièges et les évitent, discernent bien la voie à prendre, s'y tiennent et savent choisir leurs compagnons de route.

Ils n'acceptent pas tout le monde, ne serrent pas toutes les mains, ne s'inclinent pas devant les fripons.

Il écoutent plus qu'ils ne parlent, observent et jugent pour eux-mêmes ; leur silence est redouté, parce qu'ils approuvent et louent quand il y a lieu de louer et d'approuver.

On ne les voit point frapper aux portes comme des mendiants, sans s'inquiéter de ceux qui sont par derrière.

On ne les marchande pas, on ne les achète point; ils ne s'offrent ni ne se vendent.

On dit souvent d'eux que ce sont des esprits mal faits ; ils s'en consolent en restant quand même des âmes fières et droites.

Ils s'inclinent devant Dieu et se redressent devant les hommes.

Ils gênent comme un reproche ; pour se débarrasser de ces fâcheux, on essaie d'en rire ; le rire s'éteint vite dans une estime qu'on voudrait taire et qui se montre malgré tout.

Une redoutable épreuve des caractères, c'est le malheur ; il atteint les clairvoyants, frappe les honnêtes, peut terrasser les forts.

Si c'est un saisissant spectacle que la lutte de l'homme de bien contre l'adversité, c'en est un triste entre tous que de voir l'homme de bien incapable de supporter les coups du sort.

Combien rares ceux que le malheur ne brise pas ! Comme il faut saluer respectueusement ceux qu'il ne peut abattre et qui, quand même, restent debout de la tête et du cœur !

Plus on est âpre à solliciter la fortune, plus on est faible et lâche quand elle vous trahit ; le besoin de l'or et des grandeurs n'est pas de ceux qui affermissent les âmes ; il les énerve et les dégrade, si bien que la ruine devient l'effondrement de l'homme tout entier.

Les hommes de caractère naissent avec un

fond riche ; tant riche soit-il, il demeurera inféconde, si des efforts réfléchis et tenaces ne lui font pas produire les fruits qu'on en peut espérer.

C'est toujours la nécessité du travail sur soi-même, sans lequel rien de solide et de résistant, point de volontés sûres du triomphe, point de caractères que rien n'ébranle.

Est-ce que nous avons le temps de nous livrer à ce long effort que demande la formation d'un caractère ?

Chacun n'est-il donc pas dominé par la lutte pour la vie ?

Sous'peine de périr dans les bas-fonds, il faut agit et saisir l'heure favorable, on la perd à tant peser et réfléchir.

Il faut arriver et, pour cela, non seulemeut marcher, mais courir ; les songeurs, les méditatifs, les difficiles sont ceux qui restent en route.

Il faut faire sa fortune, se pousser, parvenir, et, pour cela, ne pas trop regarder aux voies et trop s'inquiéter des moyens. La bonne voie est celle qui mène le plus vite au but ; le bon moyen, celui qui débarrasse des rivaux encombrant le chemin.

Le caractère ! C'est bon pour ceux qui

ont du loisir, fortune faite, situation conquise et assurée.

— Ainsi parle la foule et ainsi agit-elle.
Echapper à ce dévergondage d'appétits, à cette folie d'ambitions rejetant tout frein n'est pas chose simple, c'est le fait des âmes fortes.

Ces âmes-là, les hommes de caractère, sont comme la moëlle et le plus pur sang des sociétés.
Malheur à elles, si elles ne savent pas les rechercher et les honorer !
Si elles leur préfèrent les ambitieux, les intrigants, les histrions !
Ceux-là sont partout, encombrent tout, prétendent à tout ; ils sont foule, légion, armée.
Tous veulent arriver, jouir, commander.
Pour cela il faut déblayer le chemin, faire la voie libre, et alors, que d'intrigues, que de mensonges, que de calomnies, que de lâchetés, que de platitudes !
Si vous êtes en situation de bien voir, dites les nausées apportées par la masse des hommes placés sous votre objectif et la singulière estime en laquelle vous avez pris le tout petit nombre qui ne s'est point laissé

entraîner par la cohue des ambitieux sans scrupules et des plats sans vergogne.

Il vient des jours où, à force d'avoir vécu cette vie de basses cupidités, le dégoût finit par prendre tout le monde, où tout le monde crie aux hommes de caractère, les appelle fiévreusement comme des sauveurs et s'étonne de ne les pas voir venir.

On récolte ce qu'on a semé. Les grands siècles sont longs à faire ; les siècles corrompus se font bien plus vite.

Quand la décadence d'une société commence, elle se précipite ; les âmes s'anémient ; on a détendu les grands ressorts ; ceux qui auront pu rester à l'abri de la rouille sont désormais trop forts pour une machine usée ; ils la feraient éclater.

Malgré tout, on veut espérer dans le secours des hautes âmes, dans le parfum de droiture, de dignité, d'honneur qu'elles permettent de respirer encore, dans la foi et le dévouement à la patrie, dans ce qui peut guérir et ce qui peut sauver.

LES CARACTÈRES

Le *caractère*, c'est l'ensemble des qualités et des vertus qui forment l'homme de bien et le citoyen utile.

Les caractères sont les manières d'être personnelles à chacun dans les rapports avec les autres hommes.

Le caractère est quelque chose d'absolu qu'on a ou qu'on n'a pas. On est ou on n'est pas un homme de caractère.

Mais on a toujours un caractère, c'est-à-dire, une manière d'être qui vous est propre dans les relations avec autrui.

Pour déterminer cette manière d'être, il la faut qualifier: on a un bon ou un mauvais caractère, un caractère facile ou difficile, franc ou dissimulé, confiant ou ombrageux.

Il n'y a, à proprement parler, qu'un type d'honnête homme; au fond, tous les honnêtes gens se ressemblent. La variété des caractères est presque infinie, comme celle des visages ; chacun a sa nuance, sa marque qui le différencie et fait le caractère propre.

Il semble qu'on ne puisse pas plus changer son caractère qu'on ne peut changer les traits de son visage, qu'il y ait là une intransformable œuvre de nature, un don de naissance impossible à répudier.

Grave et dangereuse erreur !

Si l'empreinte de l'œuvre de nature, du don de naissance, demeure presque toujours et reste facilement reconnaissable, que de transformations cette œuvre n'en peut pas moins subir par l'effort de la volonté !

Si elle les peut subir, elle les doit subir.

Le devoir s'applique à tout.

Quand il s'agit d'autrui, de nos frères, nous ne sommes pas libres de nous abandonner aux fantaisies de notre humeur, parce qu'entre eux et nous se trouve la grande loi de l'amour du prochain qui doit commander tous nos rapports.

Est-ce que le hautain accomplit la loi de l'amour du prochain comme l'homme bon, serviable et compatissant? Et le hautain aura-t-il le droit de rester dans les dédains de son orgueil et les sottises de sa vanité en invoquant la nature qui l'a fait ainsi et coulé dans ce moule ?

Le violent songe-t-il à la charité envers son frère, quand il s'abandonne à ses emportements ?

Le Christ a dit : « Bienheureux ceux qui sont doux, parce qu'ils posséderont la terre. »

Bienheureux! Non, parce qu'ils seront nés avec le privilège de la douceur, mais parce qu'ils se seront faits doux par l'effort de la volonté.

L'éternelle récompense n'est promise qu'à ceux-là, à ceux qui luttent contre eux-mêmes, qui se violentent, qui se transforment.

Difficile est cette lutte, mais combien méritoire !

Difficile ! c'est pour cela qu'est misérablement petit le nombre des hommes qui ont le souci de travailler sur eux-mêmes, d'améliorer leur caractère, en vue de ce qu'ils doivent à autrui;

Qu'est déplorablement grand le nombre de ceux qui vivent d'après cette sotte formule : « Il faut me prendre comme je suis fait. »

On les prendra et on les jugera, non comme ils sont faits, mais comme ils se seront faits eux-mêmes ; c'est-à-dire avec les scories dont un effort un peu généreux aurait pu les débarrasser et au milieu desquelles ils ont lâchement préféré vivre, avec les blessures faites, les injustices commises, avec ce qui accuse et condamne, sans pouvoir peut-être trouver ce qui défend et ce qui sauve.

SENS MORAL

C'est le sens de ce qui est droit, de ce qui est juste, de ce qui est honnête, de ce qui est pur, avec la répulsion de tout ce qui est contraire à la droiture, à la justice, à l'honnêteté, à la pureté.

Où rencontre-t-on ce sens-là ? Qui peut croire le posséder ?

Don précieux entre tous, parce que, pour une part, c'est un don ; conquête admirable, parce que, pour une autre part, c'est une conquête de la volonté et de l'effort humain.

Comment s'étonner que le don soit si rare et la conquête si difficile !

Le sens moral ! Prenez la vie dans ses différentes manifestations : littérature, spectacles, lutte pour l'existence, famille, éducation, et vous verrez que tout concourt à le fausser, sinon à le détruire.

Les lettres : quand elles enseignent, est-ce pour mettre à la base et au sommet le seul fondement sur lequel puissent solidement reposer la notion du devoir et les injonctions de la conscience, c'est-à-dire, Dieu et le respect de Dieu ? N'est-ce pas plutôt pour saper ce qu'on appelle avec dérision les vieilles croyances et pour rire de ceux qui veulent les garder encore ?

Quand elles peignent les mœurs, la vie, le monde avec ses passions et ses luttes, quelle place tient dans leurs peintures et leurs récits l'idée de l'inexorable devoir ?

La psychologie qui fouille, analyse, dissèque, quintessencie, est-ce pour montrer les nobles résistances des âmes voulant demeurer quand même incontaminées, ou n'est-ce pas pour détailler complaisamment les faiblesses, excuser des entraînements d'avance pardonnés, expliquer des chutes devenues des phénomènes moraux jugés comme nécessaires ?

La femme qui se repaît de ces lectures, y trouve-t-elle des encouragements à la vertu ou de faciles accommodements avec le vice ?

Une élévation ou un abaissement du sens moral ?

Quant aux hommes qui s'effaroucheraient

de cette libre morale, niais de sacristie pour lesquels on n'écrit point !

C'est qu'aussi la vertu est ennuyeuse et ne fait pas recette ; il n'y a que l'exploitation du vice qui fasse ses frais, se traduise en bravos retentissants et en espèces suffisamment sonnantes.

Le spectacle : il envahit tout. Qui peut s'en passer ? Qui sait soustraire sa vie à la tyrannie des planches et du lustre, du foyer et de la loge ?

Il est vrai que, là, on voit châtier les mœurs en faisant rire.

En effet : on y voit rire de tout ce qu'il faudrait respecter ; rire des maris et des femmes honnêtes livrés aux entreprises des libertins et des éhontés, rire des trompés, victimes imbéciles d'aimables trompeurs ; on y voit le vice s'étaler avec de cyniques impudeurs, sans que jeunes et vieux débauchés songent jamais à crier : assez ; on y voit tout discuter, tout déflorer, tout bafouer, et l'on comprend bien comment, là, vraiment, les mœurs s'épurent et le sens moral se forme.

Le pinceau, le crayon rivalisent avec la plume. Regardez murailles et vitrines, et vous saurez de quelles souillures on recouvre la sainte âme du peuple, ce que doit être un sens moral, surtout fait d'impressions lubriques et obscènes.

La lutte pour l'existence : il faut quand même réussir, se pousser, se sortir de page. Sont-ce les scrupuleux qui marchent, montent, grimpent, parviennent ?

Il faut de l'or, beaucoup d'or. Sont-ce les délicats qui remplissent le mieux et le plus vite leurs caisses ?

Il faut s'élever, se grandir, se hisser parmi ceux qui commandent, dirigent, gouvernent ; sont-ce les caractères fermes et droits, les intransigeants de la loyauté et de l'honneur qu'on voit gravir le plus aisément les pentes qui mènent au faîte, ou les souples, les intrigants, les ambitieux sans vergogne ?

Pauvres gens dont la conscience proteste, chez qui le sens moral regimbe, vous resterez toujours en route.

La famille : Que devient-elle ? Sont-ils nombreux les foyers dans lesquels le père demeure, où veille la mère, tous deux accomplissant l'œuvre trois fois sainte de façonner des âmes ?

Ces foyers là se comptent, et avec quelle ironique estime on les dénombre ?

Il ne se comptent plus les foyers déserts où l'enfant est livré à des mains mercenaires, où il grandit sans pouvoir sentir ces tendresses et ces effusions d'un cœur de mère qui traversent et pénètrent son âme, y versent ce qu'aucune autre tendresse n'y pourra verser, sans pouvoir trouver cet enseignement que rien autre ne vaut lorsqu'il est tiré de l'exemple donné par une vie d'homme de bien.

Quelle âme se façonne, quel sens moral se forme dans cet abandon ?

Quels germes de vertu auront déposés dans le cœur de l'enfant ce père et cette mère avant tout préoccupés de leurs plaisirs qu'ils ne savent même pas prendre en commun ?

Pauvres et tristes familles d'où disparaît tout ce qui fait la vie sérieuse et digne, d'où ne peuvent sortir que de pauvres et tristes hommes !

L'éducation : il faut qu'elle ait sa grande assise et, pour être féconde, sa première source au foyer. Mais si, la plupart du temps, le foyer est vide ?

Il y a les maîtres.

Les meilleurs ne peuvent remplacer une

mère et l'exemple donné par une vie de père honorée et respectée.

Des maîtres : Qu'enseigne-t-on à l'enfant ? Quelles idées dépose-t-on dans son esprit ? Quels sentiments dans son cœur ? Personne pour s'en préoccuper ; on a d'autres soucis.

Quand le vide des choses sérieuses s'est fait dans une existence d'homme et de femme, on le trouve partout où il y aurait place pour l'emploi utile des heures, alors même qu'il s'agit des devoirs sacrés de la paternité et de la maternité.

— Me mettre aux pieds ce lourd boulet qu'est l'éducation d'un enfant, enchaîner ma vie à cette œuvre fastidieuse, à d'autres ! J'ai donné des maîtres, tous les maîtres que comporte l'instruction d'un enfant bien né ; j'ai rempli ma tâche, toute ma tâche.

A chacun son rôle dans ce monde ; le mien est de savoir jouir de la vie, non de me transformer en maître d'école.

— Des Maîtres, sans doute il en faut donner, à condition de les bien choisir. Mais, sont-ils rares ceux qui, ayant enseigné, instruit, ne prennent pas souci du reste ?

La façon des âmes, qui s'en occupera ?

Solides cœurs, beaux caractères qui se préparent ainsi, fortes générations sur lesquelles la patrie pourra compter !

Et voici comment, dans une société, on se soucie du sens moral, de ce qui le forme, l'élève, l'épure. Et l'on s'étonne qu'il soit si rare ! Et l'on ne salue pas très bas ceux dont il domine la vie !

Il est vrai que la vie de luxe, de fêtes, de spectacles, de jeu, de lectures et de conversations frivoles, sinon pires, cela s'appelle : *la haute vie*.

Que peut bien être la basse ?

IDÉAL

Un besoin de l'âme, qui est un titre de noblesse.

Quel est le pauvre esprit qui, à de certaines heures, ne s'est pas senti emporté au-delà des étroites limites dans lesquelles nous sommes condamnés à vivre, qui n'a pas été saisi par un besoin d'envolées vers des régions plus hautes, où il pût respirer un air plus pur que celui des régions terrestres ?

Qui n'a pas rêvé des clartés plus grandes, des cœurs plus généreux et plus sincères, des hommes meilleurs ?

Ce n'est pas là rêve de poète, mais rêve d'âme humaine ?

Chacune a le sien ; il suffit qu'elle ait été touchée par la souffrance, et quelle est l'âme qui n'a pas souffert ?

Le pauvre et le misérable ne sont pas

seulement atteints dans leur corps par les privations de la pauvreté et les angoisses de la misère; ils le sont aussi dans leur esprit et dans leur âme ; ils rêvent une meilleure distribution de la richesse, un régime social où chacun prendra sa part des biens communs à tous ; ils se font un idéal de justice qui ne permette plus de voir le monde composé, en majorité, d'une foule de déshérités se débattant contre le besoin et la faim.

Et ainsi de tous ceux qui souffrent.

Souffrances de l'esprit cherchant la lumière, rêves de l'esprit courant après un idéal de clarté et de vérité.

Souffrances du cœur trahi dans ses affections ; rêves du cœur se formant un idéal d'amour pur et éternel.

Souffrances de l'âme meurtrie par la contradiction et par la lutte ; rêves de l'âme se berçant dans un idéal de paix que rien ne viendrait plus troubler.

Il y a l'idéal qui ne dépasse pas les joies terrestres ; c'est celui des cœurs étroits et souvent des âmes viles ;

L'idéal de l'homme rêvant la fortune avec toutes les satisfactions et les mauvaises jouissances qu'elle peut apporter ;

L'idéal de l'ambitieux rêvant les honneurs

et le pouvoir, les insolences de l'orgueil et de la vanité.

Mais, il y a aussi l'idéal des cœurs généreux et des âmes élevées auxquels ce monde ne suffit pas, qui en rêvent un autre où ils trouveront la beauté dans tout son éclat, la vérité dans toute sa lumière, l'amour dans toute sa pureté, la justice dans sa rigoureuse exactitude.

Il faut aux âmes un idéal, mais reposant sur une foi ferme à des vérités précises, sans quoi il ne serait qu'un rêve enfantant des illusions d'où on retomberait d'autant plus lourdement sur les dures réalités de la vie, qu'on se serait envolé plus haut.

Les vérités qui donnent à l'homme la loi de ses destinées, ne lui donnent pas le moyen d'éviter la souffrance et l'épreuve ; elles laissent un large champ aux aspirations de l'âme, à l'espoir d'une vie meilleure.

Rien de trompeur et de sophistique comme cette pensée : qu'aux âmes d'élite, la recherche de l'idéal suffit, qu'une vie entière peut se passer à le poursuivre, sans qu'on ait à se soucier d'autre chose.

Ames d'élite ! manière de bataillon sacré

réservant pour lui seul les jouissances dignes des beaux esprits et jetant dédaigneusement à la foule les miettes et les restes de ses festins.

Ames d'élite ! pour lesquelles il se pourrait que le véritable idéal fût une liberté sans frein que rien ne vînt gêner, ni dans les fantaisies de l'esprit, ni dans les impulsions du cœur et des sens, ni dans les mouvements de la volonté.

Pauvre et triste idéal, fait pour conduire aux abîmes les âmes, tant d'élite soient-elles, qui s'en contenteraient, et que les âmes inférieures traduiraient à leur manière par d'effroyables ruines.

ORDRE

L'ordre, dans les choses, c'est plaisir pour les yeux ; quand on le voit régner dans les personnes, c'est plaisir et sécurité pour l'esprit.

Dans les personnes, l'ordre n'est autre chose que l'équilibre entre tout ce qui peut faire bonne la direction d'une vie humaine : intelligence, sentiment, conscience, volonté.

Quand l'harmonie existe à un degré éminent, on a devant soi de ces natures privilégiées et rares faites pour jouer, vis-à-vis des autres hommes, le rôle de guides et de conducteurs.

Dans l'intelligence, l'ordre c'est la pondération entre les facultés qui imaginent et les facultés qui jugent, la maîtrise du jugement, la raison se soumettant à des vérités supérieures qui font connaître la loi de la destinée et donnent la règle de la vie, c'est l'évaluation des personnes, l'appréciation des actes faites à la lueur de ces fondamentales vérités ;

Dans les sentiments, c'est la justesse, la mesure, l'élévation, la pureté ;

Dans la conscience, c'est la vue nette et prompte du devoir avec le continuel souci de le bien remplir ;

Dans la volonté, c'est le ferme propos de ne rien faire qui n'ait été sérieusement examiné et franchement accepté par la conscience.

L'ordre régnant en même temps dans l'intelligence, les sentiments, la conscience, la volonté, ce serait la perfection qui n'est pas de ce monde. Une partie de la vie de l'homme se passe à réparer le trouble et le désordre que l'autre a apportés là où l'on voudrait toujours trouver l'équilibre et l'harmonie.

Il est bien vrai que, vis-à-vis des autres hommes, chacun prétend à l'irréprochabilité ; mais, quand on est seul à seul avec soi-même, et que l'on consent à être sincère, combien il en faut rabattre de ces belles vies sans tares et sans reproches !

C'est parce que la nature humaine, même chez les mieux doués, ne comporte qu'une harmonie relative et facilement troublée, parce que, chez le plus grand nombre, l'équilibre est presque toujours rompu de quelque côté, qu'est nécessaire une règle de vie immuable, passant son niveau sur toutes les consciences et toutes les volontés, établissant une harmonie supérieure dans laquelle viennent se fondre les différences de tempérament, d'humeur, de caractère.

Autrement, chacun s'abandonnant à ses dispositions propres, il en résulterait une perturbation profonde et un effroyable désordre.

La règle doit saisir l'homme tout entier ou elle n'est plus la règle et l'ordre ne peut régner.

Plus un esprit est vaste, plus il a besoin d'un frein qui le sauve des imaginations chimériques et folles.

Plus violentes sont les émotions qui agitent un cœur, troublent une conscience, plus il leur faut le joug d'une règle précise et impérieuse qui leur rappelle le devoir et les empêche de le transgresser.

Plus une volonté est puissante, plus lui est nécessaire une discipline qui la défende contre les emportements et les excès.

Les sociétés ne peuvent vivre qu'au

moyen de lois dont l'observation s'impose à tous les citoyens d'un même état ; assurer l'exécution des lois, c'est ce qu'on appelle assurer l'ordre.

Mais l'ordre, dans les sociétés humaines, ne peut être que le reflet et la conséquence de l'ordre existant chez les individus qui les composent ; les lois ne seront efficaces que si elles prennent leur source et trouvent leur sanction dans une loi plus haute s'imposant aux consciences avant de s'imposer aux volontés, venant non des hommes, mais de Dieu.

Dès lors que la loi divine sert de base et d'étai à toutes les autres, que, seule, elle peut assurer solidement l'ordre dans les sociétés, il semblerait que ce dût être le grand souci de la rappeler, de l'honorer, de la proposer au respect de tous.

Le grand souci est de l'écarter, de la faire oublier, de ne proposer au respect de l'homme que ce qui vient de l'homme et d'offrir à ses risées ce qui vient de Dieu.

C'est pure folie.

Une de ces folies qui peuvent se payer par d'épouvantables ruines.

JUSTICE

La pauvre et sainte justice où la trouve-t-on ?

Chez l'homme qui conquiert la fortune par tous moyens, ou achète le pouvoir à tout prix ?

Chez l'ambitieux qui, pour escalader les sommets, ne se soucie pas des rivaux qu'il meurtrit ou qu'il écrase ?

Chez le juge qui tremble devant le coupable ou sourit aux puissants ?

Chez le maître qui rudoie son serviteur ou ne le paie qu'insuffisamment de sa peine ?

Chez le patron qui exploite l'ouvrier et s'enrichit de ses sueurs ?

Chez l'ouvrier abusant des embarras du patron pour lui imposer des conditions ruineuses ?

Chez le vendeur trompant sur la valeur de ce qu'il vend ?

Chez l'acheteur profitant de la détresse du vendeur pour acheter à vil prix ?

Chez cette innombrable légion d'hommes disposés à sacrifier à leur intérêt et à leurs passions le droit d'autrui et l'équité ?

Et, malgré tout, le sentiment de la justice demeure irréductible; on le retrouve quand même au fond de l'âme des individus comme au fond de ce qu'on peut appeler l'âme des foules.

Il domine tous les actes humains, les devoirs et les droits de l'homme privé, comme les devoirs et les droits de l'homme public.

On le rencontre, chez les uns, comme une espérance, chez les autres, comme un effroi, chez tous, comme un invincible besoin.

Un des plus sanglants affronts que l'on puisse faire à un homme est de l'accuser d'avoir manqué sciemment à la justice.

Le mode le plus sûr pour juger de l'état d'une société, est de reconnaître la façon dont on y distribue la justice.

Elle est le rêve des opprimés, là où l'oppression est possible, la garantie de toutes les conquêtes, là où les droits paraissent sauvegardés; elle doit être la vraie égalité sans laquelle la fraternité n'est plus qu'un vain mot et une dérision.

L'honneur des sociétés modernes est d'avoir développé chez les individus le sentiment et le besoin du juste, ce qui fait qu'elles ne peuvent pas vivre sans justice.

Vivre sans justice !

Que de hontes, que d'oppressions, que de souffrances sous cette courte formule !

Pour l'honneur d'un pays, il faut qu'à tout moment, un citoyen puisse sûrement compter sur la protection du juge ; c'est à cette seule condition qu'on croira à la justice, et le plus grand malheur qui pût frapper un peuple serait de n'y plus croire ; comme la faute la plus impardonnable, de la part de ceux qui gouvernent — un crime — serait de contribuer à lui enlever cette croyance.

Parmi les fonctions sociales, la plus haute par son objet, la plus redoutable par ses responsabilités, est celle qui consiste à faire justice.

Pour la bien remplir, il faut la clarté et l'étendue de l'esprit, la sûreté du jugement, l'indépendance du caractère, la force de la volonté.

Est-ce bien là ce qu'on cherche chez les hommes destinés à ce sacerdoce ? Comment les y prépare-t-on ? Comment se préparent-ils eux-mêmes à s'imprégner de l'esprit de justice ?

L'esprit de justice ! Quand il est vraiment dans l'air qu'on respire, au fond des mœurs, il forme pour les individus, comme pour le juge, la meilleure des sauvegardes ; quand il n'y est pas, malheur aux petits, malheur à tous qui, à un instant, peuvent être parmi les sacrifiés !

Voir tout à travers le juste et l'honnête, ne rien faire qui ne soit franchement accepté par la conscience ; avoir pour insupportable la pensée d'un dommage illégitimement causé à autrui, c'est-à-dire, si on n'y est pas contraint par la défense de son droit ou d'un droit dont on a charge, voilà le véritable esprit de justice.

Tout homme qui ne le sent pas au dedans de lui-même, dont les yeux vont d'abord au profit, les fermera quand la justice se placera entre le profit et lui.

Le véritable esprit de justice, rare chez les individus, l'est moins qu'on ne pense dans les foules ; en tous cas, on l'y rencontre assez pour que la lâcheté et la prévarication du juge soulèvent en elles la colère et le dégoût.

La prévarication du juge rendue possible par l'indifférence de la foule, c'est, pour un pays, le signe le plus sûr de la décadence.

On le voit généralement apparaître à la suite de luttes intestines violentes et prolongées qui ont transformé les magistrats en des agents de partis.

L'intrusion de la politique dans la justice, c'est sa perte et sa ruine.

Si puissant que soit le sentiment du droit, il ne saurait l'être assez pour résister aux mauvaises incitations de l'esprit de secte ou de l'esprit de parti ; ce serait merveille si l'œuvre du juge demeurait, quand même, honnête.

Tant honnête que soit l'œuvre de l'homme, elle ne saurait jamais être qu'imparfaite et soumise à toutes les misères qui troublent les pauvres âmes humaines ; aussi, la place restera toujours large pour l'œuvre de Dieu qui, seul, peut faire une justice dont on n'appelle pas.

INTENTION

La droiture des intentions ? Il semble bien que ce soit toute l'honnêteté; qu'un homme, lorsqu'il peut vraiment dire : mes intentions étaient droites, peut aussi lever fièrement la tête et prétendre à garder sa place parmi les gens de bien.

Sans doute ; mais c'est à la condition que les intentions aient été d'une irréprochable droiture, ce qui n'est pas si fréquent qu'on le pourrait croire.

On a dit qu'on trouverait l'enfer pavé de bonnes intentions.

Les intentions dont un homme a le droit de se prévaloir, pour couvrir la responsabilité de ses actes, sont les intentions méditées, réfléchies, arrêtées après un sérieux et mûr examen.

Celles qui se sont formées à la légère n'innocentent pas, ne dégagent pas les responsabilités, elles les aggravent.

Il faut, de plus, que les intentions soient absolument pures, c'est-à-dire, étrangères aux suggestions de l'intérêt personnel.

Chose rare ! Nous prenons facilement pour la volonté de bien agir ce qui n'est qu'une disposition à satisfaire nos désirs, à obéir à nos penchants.

Il faut enfin que, derrière nos intentions, on aperçoive, non une volonté indécise et flottante de rester quand même dans la grande voie de l'honneur, mais une de ces résolutions, que rien n'ébranle et que rien ne brise, de traduire par des actes ce qui nous a apparu comme le devoir, quoi qu'il puisse advenir.

Quand les intentions ont été réfléchies, désintéressées, virilement honnêtes, c'est alors qu'on peut redresser la tête et la garder haute devant les plus sévères.

Ont-elles souvent ce triple caractère ?

Gardons-nous de vouloir trop interpréter la règle et, pour l'appliquer, de nous fier à la droiture de nos intentions : l'interprétation pourrait devenir si large que la règle disparût sous nos convenances et nos dispositions personnelles.

L'esprit tue parfois, quand c'est la lettre qui vivifie.

L'esprit, quand il interprète la règle, ce peut être le moi tentant de lui échapper; la lettre, c'est la règle s'imposant aux fantaisies et aux entreprises du moi.

Une des plus douloureuses épreuves auxquelles puisse être soumis un homme de bien, est de ne pas voir clairement la voie qu'il doit suivre afin de demeurer quand même dans les sentiers de l'honnête et du juste.

Les évènements et les rapports humains sont assez complexes, pour que les actes auxquels ils peuvent conduire ne prennent pas tout de suite un tel caractère qu'il n'y ait crainte de se méprendre et qu'on ne demeure anxieux devant la question de savoir si la conscience les peut admettre ou les doit repousser.

Et cela se rencontre, non pas seulement pour les consciences scrupuleuses à l'excès, étroites et minutieuses, mais pour celles qui obéissent à un sentiment vrai, large et intelligent du devoir.

Heureux encore ceux qui sont tourmentés par ce souci de l'incertain, par ces inquiétudes et ces angoisses des âmes délicates.

Il y a tant d'hommes dont le choix est fait dès que l'intérêt a parlé, qui marchent et courent vers le profit, sans autrement s'embarrasser du reste !

Aux angoissés par la crainte de mal choisir et de mal faire, il semble facile de rappeler la vieille maxime : Dans le doute, abstiens-toi ; écarte impitoyablement tout ce qui ne peut pas subir la grande lumière, s'avouer, sans rien laisser dans l'ombre.

La vie n'est pas si simple que cela : tout n'est pas fait pour être publié et crié sur les toits ; bien des actes destinés à demeurer ignorés et secrets n'en restent pas moins des actes qui peuvent être accomplis par les plus honnêtes gens.

C'est à ces heures anxieuses, qu'il faut, avec un esprit vraiment désintéressé et sincère, demander la bonne inspiration et les clartés qui donnent la vue nette du devoir.

Si, l'ayant fait, l'événement prouve que nous nous sommes trompés ; si même, on peut relever contre nous des apparences douteuses et suspectes, nous pourrons, du moins, invoquer la droiture et la pureté de nos intentions, sinon devant les hommes, du moins devant nous-mêmes et devant Dieu.

HONNÊTETÉ

Tout le monde prétend au titre d'honnête homme ; combien en est-il qui en soient vraiment dignes ?

Il y a les honnêtes gens qui côtoient de si près les défenses de la loi humaine qu'on ne sait s'ils sont demeurés en deçà ou s'ils sont passés au delà ;

Ceux qui, respectueux de la loi humaine, se mettent à l'aise avec les prescriptions de la loi morale ;

Ceux qui s'indigneraient de voir leur probité soupçonnée et qui, pour se pousser dans le monde, ont des complaisances auxquelles ne se prêtent point les consciences scrupuleuses.

Il y a les honnêtes gens de l'à-peu-près et du strict nécessaire.

Les vrais, sont les honnêtes gens du superflu, ceux qui ne marchandent jamais avec le devoir, qui n'admettent rien de louche et d'équivoque dans leur vie, qui gardent inaltéré le plein respect d'eux-mêmes et forcent l'estime sans la rechercher.

L'honnêteté n'a pas de degrés : on est absolument honnête, ou l'on n'a pas droit à revendiquer ce titre.

— Et, pourtant, il en est dont on dit : Ce sont de grands hommes de bien ?

— Ceux-là sont d'abord et simplement d'honnêtes gens, et, s'ils apparaissent plus grands que les autres, c'est qu'au strict accomplissement du devoir, ils joignent le dévouement au bien, la charité agissante, la bonté qui secourt et console.

L'honnêteté s'applique à tout : aux choses de l'esprit, comme aux sentiments du cœur et aux injonctions de la conscience.

On recherche honnêtement la vérité, elle ne se conquiert pas sans troubles et sans angoisses de l'âme : quand il l'a trouvée, l'homme droit s'incline respectueusement devant elle, quoi qu'elle lui coûte.

Notre cœur, à de certaines heures, est remué par des émotions difficiles à contenir. L'amour a des emportements auxquels l'honnête homme ne doit pas s'abandonner, la haine des violences qui nous entraîneraient au delà de toute justice.

La conscience doit se soumettre à d'impérieux commandements. S'ils sont clairs et qu'on hésite à obéir, si l'on tergiverse, si l'on atermoie, on n'est plus vraiment l'honnête homme.

On peut éviter la chute aujourd'hui, on tombera demain.

Que notre estime aille surtout aux hommes largement mêlés à l'activité sociale et partout ayant porté, sans en faire montre, un honneur immaculé, non à ceux que n'ont point fortement éprouvés les luttes et les difficultés de la vie.

Qu'elle aille aux hommes qui dirigent et commandent, quand la direction s'inspire de la justice, quand le commandement respecte ceux qui doivent obéir, non aux puissants et aux grands que nous honorerions sans regarder l'usage qu'ils auraient fait de leur puissance et de leur grandeur.

Qu'elle aille aux sacrifiés, aux meurtris pour la justice, aux patients, aux résignés, à ceux chez lesquels se manifeste toujours et quand même la fermeté dans la droiture de l'âme et de la volonté, non aux privilégiés de la fortune qui ont la vertu trop facile.

Heureux les hommes auxquels a été transmis un long passé d'honnêteté !

Honte aux fils qui gaspilleraient un pareil héritage !

Mais trois fois honneur à ceux qui, ne l'ayant pas trouvé, y ont suppléé par l'énergie et la ténacité de leurs efforts, qui ont renouvelé le sang de leur race, légué à leurs enfants un patrimoine de vertu et d'estime sans lequel toutes les splendeurs de la fortune ne seraient plus que choses dignes de mépris !

Tandis qu'on verra de vieilles lignées s'éteindre tristement, mettre leur nom et leur passé en compte-courant, ils créeront, eux, des races nouvelles pleines de cette sève et de cette force qui assurent des générations d'hommes de bien et de citoyens utiles.

Quelle a été la source des races d'honnêtes gens dans notre pays de France ?

Qui les a faites, qui les a maintenues ?

Des hommes aux solides croyances, sachant prier et faire prier, donnant aux enfants, avec l'exemple des vertus chrétiennes, l'exemple du travail qui préserve et qui honore.

Droits, probes, rigides même, ils étaient aussi des hommes charitables, capables de se dévouer. On ne trouvait pas seulement en eux de bons chefs de famille, mais aussi de bons citoyens sur lesquels la patrie pouvait compter.

Est-ce que ces races-là auraient disparu ?

Ce serait un des plus grands malheurs qui pût arriver à un pays, et il ne serait arrivé que par sa faute.

HONNEUR

Souvent, une fausse honnêteté avec beaucoup de bruit, de montre, de réclame, pour faire croire à la vraie.

La vraie honnêteté ne cherche pas le bruit; elle le redoute et le fuit.

Elle ne se vante pas, se contentant d'agir comme on doit.

Défiez-vous des gens qui ont toujours leur honneur à la bouche ; recherchez ceux qui sont simplement honnêtes sans en faire parade.

Les hommes qu'on entend crier le plus haut vouloir venger leur honneur, sont souvent les hommes qui en ont le moins.

Ce qui prouve que l'honneur se peut entendre et pratiquer de deux manières.

Il y a l'honneur d'après le monde, le langage et les conventions du monde.

Celui-là, c'est le faux, parce que le monde lui-même est faux ; qu'il est fait d'équivoques et de compromissions ; qu'il est tolérant pour le vice et sévère pour la vertu ; que son code et ses lois ne sont, le plus souvent, que la glorification de ce que les honnêtes gens condamnent, ou la dérision de ce qu'ils respectent.

Est-ce que le monde respecte les lois de la famille ?

Est-ce que, d'après lui, un homme est déshonoré pour les avoir violées ?

Est-ce qu'il est sévère pour le succès et pour les moyens par lesquels on l'a conquis ?

Ne le voit-on pas ouvrir toutes grandes ses portes aux parvenus de la richesse, aux habiles, aux charlatans et parfois aux coquins ?

Rire de ceux qui se sacrifient au devoir ?

Marcher sur les gens à terre, pour se rehausser de leur chute ?

Quelle sûre loi d'honneur peut bien imposer un pareil guide ?

Mais il y a aussi l'honneur d'après les vrais honnêtes gens.

Celui-là, c'est comme la fleur de l'honnêteté, fleur exquise, faite de délicatesse, de pureté, de générosité.

Il craint toute souillure, toute suspicion, toute équivoque, et pousse cette crainte jusqu'aux derniers scrupules.

S'il a l'orgueil du nom et de la race, ce n'est point par sotte vanité, mais par le sentiment d'un passé immaculé dont il doit être le gardien et le continuateur.

Il fait les familles dans lesquelles on respecte l'épouse, la mère, la pudeur et l'âme des enfants ;

Le soldat sans peur et sans reproche, qui meurt gaiement pour la patrie ;

Le citoyen qui n'accepte les charges publiques que pour en accomplir généreusement tous les devoirs ;

L'homme de charité qui sait se dévouer pour ses frères, porter son cœur aux pauvres, aux petits, aux endoloris.

Il a sa grande marque, la marque, non de l'honneur mondain, mais de l'honneur chrétien, de celui dont les racines plongent dans un sol assez solide et assez ferme, pour qu'il puisse défier le vent et la tempête.

L'honneur mondain peut recouvrir des débauchés et des fripons.

L'honneur chrétien ne recouvre jamais que d'honnêtes gens.

CHARITÉ

Une vertu démodée, dont on ne veut plus, et qui continuera de sauver le monde, malgré lui.

A condition qu'elle pénètre le monde autrement qu'elle ne l'a encore pénétré, que, ne restant pas la vertu de quelques-uns, elle devienne la vertu de la société elle-même.

Vertu de quelques-uns, et combien ils sont rares !

Pour bien exercer la charité envers son frère, il faut aimer son frère.

Elle n'est pas une vague et banale pitié pour ceux qui souffrent; c'est l'amour du prochain jusqu'au besoin de se dévouer à l'apaisement de ses souffrances ;

C'est le détachement et l'oubli de soi, le regard fixé sur le bien à faire, avec le désir ardent de l'accomplir, dans le seul intérêt de ceux auxquels il doit profiter ;

C'est la bouche qui s'ouvre pour consoler et soutenir, jamais pour médire et déchirer;

Le cœur qui se verse dans le cœur, l'âme qui pénètre dans les âmes pour les réchauffer et les relever.

Regardons sincèrement au dedans de nous-mêmes ; est-ce bien là notre charité ; est-ce bien de cette façon que nous aimons nos frères ?

Arrive-t-il souvent que notre aumône soit le verre d'eau donné au nom du Seigneur ?

Le verre d'eau, c'est-à-dire, l'aumône discrète que rien ne révèle, l'aumône du pauvre comme l'aumône du riche, l'aumône qui apaise la faim du misérable et la soif de justice du persécuté, l'aumône de la main et l'aumône du cœur.

Le verre d'eau donné au nom du Seigneur, c'est-à-dire, avec les pénétrantes délicatesses que peut inspirer l'amour, avec cette bienfaisante chaleur de l'âme parlant au nom de celui qui a béatifié les petits, les pauvres, les délaissés, tous ceux qui souffrent et tous ceux qui pleurent.

Notre Charité n'est-elle pas trop souvent mêlée de scories et d'impuretés ?

Nous nous adonnons aux œuvres charitables ; est-ce toujours en désintéressés et par la seule pensée du bien à faire ?

Nous est-il indifférent d'y voir figurer notre nom, d'y trouver un peu de lumière et un peu de relief ?

Il est rare que notre main gauche ignore ce qu'a donné notre main droite ; quand nous donnons des deux mains, nous trouvons bon qu'on emploie la gauche et la droite à nous applaudir.

L'idéal de la charité, c'est l'obole du pauvre au pauvre, sous le seul regard de Dieu.

Bien qu'on repousse la Charité comme une offense à la dignité humaine, jamais son œuvre n'a été plus nécessaire et jamais elle n'a eu plus besoin de s'élargir pour que son dévouement atteigne au niveau des plaies qu'il faut guérir.

C'est bien le cœur qui doit l'inspirer, parce que ce sont les cœurs qui sont de plus en plus malades.

Malades de colères amoncelées par la souffrance, d'envies surexcitées par la vue de jouissances sans mesure et sans pudeur, malades de haines avivées par les rhéteurs, les exploiteurs et les charlatans.

Qui donc versera dans ces âmes ulcérées

quelques gouttes d'un baume pouvant apporter le calme et l'apaisement ?

Qui donc ? Sinon les hommes se sentant au cœur l'amour du pauvre, le véritable amour du peuple, la sainte flamme de la Charité ?

Quand ils devraient être accueillis par des injures et des outrages, qu'importe ?

Mais, qu'ils ne craignent. Le cœur sent le cœur; le peuple reconnaît vite ceux qui l'aiment.

S'il se laisse facilement séduire par de vaines et trompeuses paroles, il n'y a que les sentiments sincères et vrais qui le retiennent.

Folie étrange entre toutes les folies : c'est la source de ces sentiments d'amour du peuple, de dévouement pour le peuple qu'on s'efforce de tarir !

Il est vrai qu'on tient le remède aux misères humaines : Arrière l'aumône ; elle dégrade ; arrière les entreprises trop vantées de la charité chrétienne : elles ne font qu'affirmer le servage du pauvre vis-à-vis du riche ; c'est la solidarité entre les hommes qui réalisera la véritable fraternité, guérira toutes les plaies en sauvegardant toutes les dignités.

Merveilleuse découverte ! Il est vrai qu'on a mis du temps à la faire.

Avant le Christ, il faut croire qu'on ne songeait guère à la solidarité humaine, quand on voit les inégalités et les oppressions de toutes sortes contre lesquelles se débattaient les sociétés antiques.

Aujourd'hui qu'on veut remplacer le Christ et son œuvre, il est permis, devant le spectacle offert par le monde, de craindre que d'innombrables générations ne passent avant qu'apparaisse l'aurore et luise le plein soleil de la nouvelle fraternité.

La lutte est partout, plus âpre et violente qu'elle n'a jamais été; les haines entre les classes s'accusent chaque jour plus implacables; il semble que nous soyons à la veille de convulsions faites pour engendrer des souffrances comme le monde n'en aura jamais vu; quel apaisement le baume souverain de la solidarité vient-il donc apporter au milieu de ces colères sauvages ?

— Aujourd'hui, non ; l'humanité est trop pourrie : mais demain, quand elle se sera refaite et renouvelée.

— Pas plus demain qu'aujourd'hui : si l'humanité s'est ainsi gangrenée, c'est parce qu'on a voulu lui enlever Dieu et sa justice.

Pour l'aider à se refaire, on commence par lui arracher les appréhensions et les espérances de l'au-delà; après quoi, on conseille aux hommes de se solidariser, c'est-à-dire, aux forts de se sacrifier pour les faibles, aux vaillants de s'oublier pour les chétifs et les misérables.

Mais, si tout finit avec et par la mort, il ne peut plus y avoir que la lutte pour la vie, que la conquête de la plus grande somme possible de jouissances; la fraternité humaine aboutira à la lutte entre gens cherchant à s'entredévorer.

Etrange et démonstratif spectacle :

Ce sont les mêmes hommes qu'on entend prêcher, pour expliquer le monde physique, une doctrine qui est l'élimination des faibles par les forts, et, pour expliquer le monde moral, une doctrine qui est le sacrifice des forts au profit des faibles !

Est-ce que la charité chrétienne méconnaît la solidarité qui doit exister entre les hommes ?

S'il en était ainsi, ses œuvres seraient inexplicables.

Sa solidarité à elle ne se paie pas de formules creuses : elle est agissante, pitoyable, dévouée. Née du devoir, elle passe par l'amour pour aller se perdre dans l'égalité de la suprême justice et des éternelles récompenses.

Sans vie future et sans justice divine, ni solidarité, ni charité : la lutte, la guerre, la misère, la souffrance sans compensations et sans fin.

BONTÉ

La plus exquise des qualités, pouvant conduire aux plus admirables vertus.

La bonté craint de créer une souffrance et court guérir celles qu'elle découvre.

Elle panse les blessures que les autres ont faites, calme, apaise, rapproche, console.

Qui n'a pas la crainte de blesser n'est pas vraiment bon, éprouvât-il plus tard le sincère besoin de fermer les plaies qu'il a ouvertes.

Avec la bonté, derrière les lèvres ou derrière la main, on sent toujours le cœur.

Elle répugne à condamner et est prompte à absoudre.

Elle est indulgente pour ceux qui tombent, quand on peut en espérer le relèvement ; impitoyable pour le vice incorrigible.

La vraie bonté n'est pas, en effet, une mollesse de l'âme qui la rende incapable d'une exacte justice, mais une compatissance qui excuse, quand on peut excuser, qui espère, quand on peut espérer, qui tend la main et sauve, quand on peut sauver.

C'est la pitié agissante, non la pitié banale qui s'exclame et qui passe; c'est la souffrance d'autrui devenant une souffrance propre, un souci, une angoisse, avec un incessant besoin d'en procurer l'apaisement.

C'est l'amour des petits et des humbles, la compassion pour leurs misères, l'intelligence de tout ce qui atteint et blesse leurs âmes, le pardon pour leurs haines et pour leurs colères.

C'est un don de s'oublier pour sentir avec les autres le bonheur ou la peine, la joie ou la douleur, de manière à faire la joie plus douce et meilleure, la peine moins cuisante et moins amère.

Il n'y a pas que de grandes plaies à guérir par la bonté devenue vertu de charité, de dévouement et de sacrifice, il y a la vie quotidienne avec ses aspérités et ses misères sans cesse renaissantes.

Que de difficultés aplanit la bonté du cœur; que de chocs elle évite; que d'irritations elle apaise; que de vies qui se seraient écoulées dans le trouble et qui, grâces à elle, se passent dans le calme et dans l'union !

Quelle joie de penser que, par un bon mouvement du cœur, on a pu éviter une blessure, écarter une inimitié; quelle douleur, si, par une parole dure et mauvaise, on a ouvert une plaie qui ne se cicatrise plus !

On dit que cette bonté qui apaise est le privilège des femmes.

Une femme douce et bonne est le plus rare et le plus riche présent qu'un homme puisse recevoir de Dieu; mais il y a aussi des hommes doux et bons, doux d'une douceur qui reste virile, bons d'une bonté qui, sans avoir la grâce féminine, garde cependant la puissance du charme.

L'homme bon ne médit pas, n'offense pas, ne violente pas; il ne montre pas l'âpreté de l'intérêt personnel qui veut être quand même satisfait et sacrifie tout à soi; il attire, il attache, il retient; s'il juge, c'est avec bienveillance; s'il agit, c'est avec modération; s'il commande, c'est avec dignité et douceur, ce qui fait qu'il est vite obéi.

Il y a l'hypocrisie et la contrefaçon de la bonté, les doucereux et les gens à bonhomie.

Les doucereux font les perfides; les gens à bonhomie font les faux bons hommes.

La bonté, qualité native de l'âme, ne prend toute sa saveur et n'acquiert toute sa rayonnante action que par ce qui donne aux âmes leurs grandes clartés et leurs saintes ardeurs.

Elle s'élève alors aux sommets de la charité et du dévouement, ne se contente plus de secourir les misères qu'elle rencontre; elle les cherche, les découvre, les apaise, les guérit; elle fait les vies sacrifiées qui rachètent tant de vies honteuses.

On peut tout attendre d'un cœur bon s'échauffant au pur foyer de la bonté divine.

Point de souffrances que son rayonnement ne puisse atteindre; point d'âmes si endolories qu'il n'y puisse verser une consolation et une espérance.

INDULGENCE

Bonté et justice chez les âmes saines; indifférence et lâcheté chez les âmes molles; vice et dépravation chez les âmes corrompues.

Les âmes saines, celles qui ont le besoin de la droiture, de la dignité de la vie, jugent les actes à ces grandes lueurs, mais elles jugent aussi les hommes avec le calme, la modération, la mesure que comporte la notion exacte des choses et du monde, de leurs exigences, leurs dangers, leurs misères.

Que d'imperfections, que de faiblesses, que de faux pas, que de chutes!

Mais aussi, que de pièges, que de mauvaises incitations, que d'impulsions perverses contre lesquelles la pauvre nature humaine a tant de peine à se défendre!

Si l'on condamne impitoyablement tout ce qui est condamnable, où trouvera-t-on dans la vie une oasis de perfection qui puisse permettre de se reposer et de respirer à l'aise ?

Est-on donc impeccable à ce point qu'on ait le droit d'être si sévère pour les autres ?

Est-il si difficile de supporter les imperfections, malgré l'ennui qu'on en ressent et les blessures qu'on en reçoit, de trouver dans son cœur une bonne parole pour soutenir ceux qui chancellent, de tendre la main pour relever ceux qui sont tombés ?

Si, toutefois, ils ne sont pas tombés dans l'abjection dont les éclaboussures pourraient rejaillir sur soi-même.

L'indulgence, pour ceux-là, serait l'oubli de l'honnêteté et de la justice, comme celui de sa propre dignité, et si, vis-à-vis d'eux, la bonté, devenue charité, peut encore trouver sa place, c'est à la condition de flétrir ce qui veut être flétri, de ne pardonner qu'au vrai repentir, de croire à un sincère redressement de l'âme pervertie.

Tout absoudre, serrer les mains quand même, si malpropres qu'elles soient, malgré les basses actions et les entreprises méprisables, malgré les aventures scandaleuses et les réussites déshonnêtes, c'est le fait des âmes qui n'ont pas assez de ressort pour que puissent naître et se former en elles les haines vigoureuses que ressentent les vrais hommes de bien ;

La haine du mal, du vice, de ce qui déshonore et de ce qui avilit;

Le mépris des gens sans conscience, sans scrupule, sans délicatesse, sans honneur, que l'on doit condamner d'autant plus sévèrement qu'on les voit plus facilement acclamés par la foule.

Que d'hommes attirés par l'aimant du succès, qui le saluent quand même, réservant leurs sévérités pour les imbéciles qui n'ont pu réussir !

« Être bien avec tout le monde » c'est, pour beaucoup, la grande science de la vie ; cela se recouvre par cette admirable oraison funèbre, tant de fois entendue : « Il n'eut que des amis. »

Le plus sot des éloges, et le plus triste, s'il est vrai.

N'avoir que des amis parmi les gens de bien, c'est parfait, mais les autres?

De pauvres hommes ceux qui sont incapables d'avoir des ennemis !

Plus triste encore est l'indulgence des âmes corrompues.

L'homme vicieux n'est pas seulement indulgent pour le vice; il l'approuve; il le prône; il en jouit.

Il se reconnaît dans la corruption des autres ; elle est une sorte de miroir qui lui renvoie l'image de sa propre infamie, mais comme autorisée et sous des traits presque aimables.

A toute heure, on doit regarder avec qui l'on est et qui vous approuve.

Il y a des sociétés qui déshonorent et montrent qu'on suit une mauvaise voie ; il y a des éloges qui sont de sanglantes injures.

L'indulgence, faite de justice et de bonté, a son hypocrisie ; ne nous y laissons pas prendre.

On affecte parfois la sévérité pour se donner le mérite de la vertu qui pardonne.

Fausse sévérité et faux pardon qui cachent souvent autre chose que de vertueuses indignations ou de miséricordieuses émotions.

La pire des indulgences est celle qu'on a pour soi-même.

Quand on ferme trop facilement les yeux sur les fautes légères, on risque fort de ne les pas ouvrir sur les fautes graves, de finir par ne plus voir celles qui peuvent arriver à faire de l'âme, sous de trompeuses apparences, un vrai foyer de corruption.

GÉNÉROSITÉ

Un joyeux don de naissance qui fait les âmes riches et les âmes nobles.

Il ne s'agit pas de cette vulgaire générosité qui vide sa bourse, mais de celle qui verse son cœur, de cette bienfaisante chaleur de l'âme qui échauffe tout ce qu'elle touche, qui rend meilleur ce qui est bon, qui donne à ce qui est excellent on ne sait quoi d'achevé et d'exquis.

Les généreux vont d'instinct au dévouement et au sacrifice, comme d'autres vont d'instinct au plaisir et à la jouissance.

Ils s'oublient pour songer aux autres et dépensent à leur service bien plus d'efforts et d'énergie qu'ils n'en auraient dépensé pour eux-mêmes.

Le généreux ne se plaît pas aux aides vulgaires; il faut, pour l'attirer, qu'il y ait à sacrifier, à risquer quelque chose de soi ; c'est comme un raffiné du dévouement.

On dit : où sont-ils ces généreux-là ?
Est-ce que la lutte pour la vie, l'épaisse atmosphère d'égoïsme dans laquelle nous sommes condamnés à vivre n'étouffent pas la flamme de dévouement qui pourrait s'allumer dans les cœurs ?

Si on la voit brûler quand même, ce ne peut être que chez quelques illuminés qui, vivant dans les nuées et n'étant pas de ce monde, ne sauraient servir de modèles à ceux qui ont l'intelligence de ses nécessités.

— Où sont ces généreux-là ? Cherchez bien et vous les trouverez ; perdus dans la foule, sans doute, mais y maintenant quand même, le sentiment de la beauté morale qui éclatera, à de certaines heures, en d'émouvantes manifestations d'admiration et d'enthousiasme.

Des illuminés ! Oui, par les grandes lumières qui font pénétrer au fond des âmes, non pas seulement le rêve des entreprises généreuses, les vies dévouées et sacrifiées, mais le besoin d'en faire des réalités.

Un divin illuminé, celui qui s'est sacrifié pour le salut de l'humanité.

La folie de la croix restera quand même l'inépuisable source de la générosité, du dévouement, de la charité, de l'esprit d'abnégation et de sacrifice, des vertus qui sauvent le monde et rachètent ses ignominies.

La générosité fait les grands cœurs de soldat, de ceux qui versent leur sang et meurent pour la patrie, sans qu'une plainte soit sortie de leur bouche, sans qu'un regret amer ait saisi leur âme.

Elle fait les hommes qui abandonnent foyer, famille, patrie, tout ce qui attache et tout ce qui retient, non pour découvrir de nouvelles contrées et revenir avec la gloire des explorateurs, mais pour découvrir et éclairer de pauvres âmes et mourir obscurément terrassés par la fièvre ou tombés sous les coups d'un sauvage auquel on aura voulu porter la bonne parole.

Elle fait les charitables, toujours en quête de douleurs à soulager, d'âmes à relever, de cœurs saignants dont il faut panser les plaies, les saintes femmes qui vont s'asseoir sans peur au chevet des pestiférés, qui meurent avec la sérénité du devoir accompli, souriant aux éternelles espérances, les hommes qui mettent leur science et aussi leur vie au service des pauvres et des misérables, de

GÉNÉROSITÉ

tous ceux qui souffrent, et qui, un jour, apportent à l'humanité le moyen de la soulager dans ses plaies les plus cruelles.

La générosité est un don de Dieu : on naît généreux, comme on naît égoïste, avec une âme large ou qui se peut élargir, comme avec une âme rétrécie et destinée à demeurer étroite.

Les meilleurs dons de Dieu, pour qu'ils puissent produire tout ce qu'ils contiennent, veulent être cultivés, sinon, tel qui sera né avec la riche étoffe d'un généreux, pourra mourir dans les guenilles d'un égoïste et d'un libertin.

Si on le cultive, d'un sol qui ne demandait qu'à être travaillé, on fera une terre admirablement féconde.

Dans les terrains sablonneux et maigres, à grand'peine, on peut récolter le nécessaire, il faut renoncer à ces plantureuses moissons qui donnent le superflu et la richesse.

La générosité est le superflu et la richesse de l'âme.

SINCÉRITÉ

Un bon sentiment sincère, vrai, quelle perle !

Un sentiment entièrement dégagé d'intérêt personnel, bon par lui-même et par lui seul, sorti spontanément d'une âme, parce qu'elle est droite, d'un cœur, parce qu'il est généreux, quelle chose si rare qu'à la rencontrer, on goûte une jouissance exquise et comme étonnée !

Que si ce sentiment s'est trouvé en lutte avec l'intérêt propre et en a triomphé ; s'il est fait d'abnégation, on sent qu'il ne suffit plus d'estimer, de louer, qu'il faut s'incliner devant ce qui devient haute vertu.

Que de fourberies et de duplicités une foi vraie, le devoir sincèrement et simplement accompli ne peuvent-il pas, ne doivent-ils pas racheter ?

Le devoir privé comme le devoir public ;

Le devoir ne devenant pas routine, mais s'inspirant d'une pensée supérieure, dominant toute une existence d'homme ;

La vie de dévouement, librement choisie, ne devenant pas métier, mais se retrempant chaque jour aux sources où l'âme puise le courage et le besoin du sacrifice !

Et il faut bien qu'il en soit ainsi !

Scrutez la vie ; regardez le monde ! Que de comédies, que de mensonges !

Où sont-ils les vrais hommes de bien qui, seuls à seuls devant leur conscience, s'interrogent, se fouillent, se demandent si, eux aussi, ne subissent pas des entraînements mauvais, ne pratiquent pas des habiletés louches, n'avancent pas leurs affaires par des moyens suspects, et qui, cet examen fait, se lèvent fermes dans la droiture et résolus à ne faire que ce qui est bien, parce que c'est bien, à ne pratiquer que ce qui est juste, parce que c'est juste ?

Cherchez ces hommes à la vertu simple et sincère au milieu des foules dont vous êtes enveloppés, qui se meuvent, s'agitent, clament, courent, se bousculent, s'écrasent, et dites où et quand vous les avez rencontrés.

Où sont les amitiés fidèles et sûres qui croient en vous, qui vous soutiennent, vous consolent, vous apaisent, vous relèvent, qui vous défendent quand même, qui résistent au mauvais vent du malheur, aux effondrements de l'adversité, qu'on retrouve toujours inaltérées, confiantes, dévouées?

Les bouches d'où sort la sincère expression de la pensée et qui traduisent les vraies émotions du cœur?

Qui ne dénigrent pas le lendemain ce qu'on les a entendues louer et encenser la veille?

Où sont ceux qui savent honorer et respecter?

Sous les hommages desquels on n'aperçoit pas la dérision?

Qui ne s'inclinent pas par devant et vilipendent par derrière?

Qui ne flattent et ne caressent pas, pour, l'instant d'après, égratigner et mordre?

Les charitables cachant leurs bienfaits avec le même soin que les malfaiteurs leurs crimes?

Les hommes publics véritablement préoccupés du bien public?

Les hommes privés assez soucieux de la justice pour ne jamais vouloir que le succès légitime et le gain honnête?

Et malgré tout, le monde vit!

Il vit par ce que lui apportent les sincères, les dévoués, les hommes à la charité cachée;

il vit par les semences d'honnêteté, de vertu, d'esprit de sacrifice qu'ils déposent en lui!

Il vit par le rachat des actes malhonnêtes qu'opèrent les gens de bien se sacrifiant à la loi de justice.

Pensées, sentiments, paroles, actes, tout se tient dans l'homme dont on retrouve l'unité sous les apparences les plus diverses et les plus ondoyantes; unité dans la droiture, la fermeté, la vaillance; unité dans la faiblesse de la volonté et du cœur, dans la fausseté et le mensonge.

La vérité ne domine sûrement une vie, qu'autant que l'œil de l'homme s'est fixé sur la vérité qui doit dominer toutes les vies, que son âme s'est réchauffée au foyer de la vérité divine, que sa conscience y a puisé la force et sa volonté les intransigeantes résolutions.

Hors de là, où l'âme trouvera-t-elle assez de ressort pour écarter les comédies, les mensonges, les habiletés perfides, les variations, les défaillances, les trahisons, pour assurer la constance et la sincérité dans le devoir?

D'un côté, l'homme vrai, maître de lui-même, droit et digne.

De l'autre, l'homme livré à tous les vents

de l'ambition, à toutes les compromissions qu'enfantent l'intérêt et l'amour de soi, l'homme qui ment et trahit, s'il a profit à tromper et à trahir.

« C'est un homme franc et loyal »; Cherchez ce court éloge; il les comprend tous.

MODÉRATION

Pour certains, c'est la vertu des impuissants ;

Pour d'autres, c'est la vertu des âmes fortes.

Vertu des impuissants, si l'impuissance consiste à ne pas savoir poursuivre le succès par toutes les voies, à ne pas briser quand même tous les obstacles ; vertu des impuissants, si tout est bon pour se pousser dans le monde, pour arriver à la fortune et au pouvoir ; s'il n'y a pas de sommets auxquels on ne puisse tenter d'atteindre ; si l'on est disposé à tout sacrifier à soi, à ses goûts, à ses convenances, à son ambition, à ses passions.

La modération, n'est pas alors seulement la vertu des impuissants, elle doit être surtout tenue pour la vertu des niais.

Vertu des âmes fortes, si la maîtrise de soi ne se peut obtenir que par les plus énergiques efforts de l'âme, si, pour résister aux entraînements de l'intérêt ou de la passion, pour réprimer les emportements de la colère, de la haine ou de l'esprit de vengeance, pour ne pas se laisser enivrer par le succès, il est nécessaire de faire appel à ce que la volonté a de plus ferme, la conscience de plus impérieux, l'âme de plus haut et de plus noble.

Demeurer dans la juste mesure est le privilège des esprits clairvoyants, des jugements équilibrés, des caractères sûrs, des cœurs bien trempés.

Avec le sentiment de la mesure, on discerne l'exacte proportion des choses, ce qui donne la sûreté aux actes ; on juge la vraie valeur des personnes, ce qui fait qu'on ne confond pas les honnêtes gens avec les coquins, qu'on va sûrement vers les premiers, tandis qu'on écarte impitoyablement les seconds.

L'homme mesuré ne se livre pas aux clameurs de la foule ; s'il le faut, il sait absoudre ceux qu'elle condamne ; il ne flétrit pas quand il suffit de blâmer, ne loue pas à tout propos, n'applaudit pas bruyamment, quand il n'est besoin que d'approuver, ne porte pas aux nues ceux qui, pour le devoir accompli, sont simplement dignes d'estime.

Il ne vante pas ses propres mérites à tout venant ; n'abuse pas du succès, quand il triomphe ; de la fortune, quand elle lui sourit ; il sait rester digne sans ostentation et sans tapage, fuit les bruyants, les vaniteux, les emportés, les violents.

Parfois on parle dédaigneusement de son indécision et de sa faiblesse, jusqu'au jour où l'on s'aperçoit qu'il a surtout le sentiment de la justice et la force de la respecter quand même.

On n'a jamais à se reprocher d'avoir été modéré ; que de regrets, quand, ayant dépassé la mesure, on souffre des injustices qu'on a commises et des plaies qu'on a ouvertes !

Il ne faut pas confondre la modération avec la mollesse de caractère qui rend incapable des résolutions viriles, qui demeure toujours dans les demi-solutions et les demi-moyens, faute d'une énergie suffisante pour les fortes décisions et les entreprises difficiles.

La vraie modération est surtout faite de volonté. Si l'esprit des modérés répugne d'instinct aux résolutions excessives et violentes, c'est en définitive par la volonté qu'ils se maintiennent dans la mesure de la vérité et de la justice.

Vienne le moment, où les ménagements ne seraient plus que faiblesse et oubli de la dignité, les modérés deviendront des énergiques et des intransigeants.

La modération est vraiment vertu, si l'on songe à tout ce qui surexcite les appétits des hommes, à ce que demande la maîtrise de soi au milieu des rêves enfantés par les ambitions désordonnées, des pièges tendus, des blessures reçues, des injustices subies, à l'ingratitude du rôle joué par les modérés.

C'est aux excessifs que vont le plus souvent les applaudissements de la foule ; c'est-à-dire à ceux qui compromettent et perdent les meilleures causes ; les abandons, les dédains, les risées sont pour les autres.

Les excessifs se croient énergiques, quand ils ne sont que violents ; courageux, quand ils enfoncent des portes ouvertes, habilement audacieux, quand ils ne sont qu'imprudents et aventureux.

Ils ignorent le calme dans la réflexion d'où naissent les solides résolutions, le sang-froid dans l'action qui lui donne sa puissance.

Ils s'élancent, se précipitent, d'un bond

dépassent tout le monde, crient haut et fort, se grisent du bruit qu'ils font et du mouvement qu'ils se donnent, s'entêtent dans la lutte pour, le plus souvent, revenir meurtris par les débris de ce qu'ils ont renversé en croyant le défendre.

Ils traitent les personnes comme ils traitent les choses. Il n'y a pas d'honnêtes gens parmi leurs adversaires, tous misérables ; suspects aujourd'hui, criminels demain, tout de suite prêts pour les gémonies.

Le silence, la réserve, l'attente, la modération du langage, le respect des intentions ne sont plus que formes diverses de la défaillance, sinon de la lâcheté.

Et, malgré tout, la foule va vers ces emportés, ces violents, ces pourfendeurs ; le bruit, l'éclat des voix l'attire et l'hypnotise ; les grands coups de plume lui font l'effet de grands coups d'épée; elle accourt et applaudit comme aux jeux du cirque.

Aux modérés, il reste ce qui vaut mieux que les battements de mains de la foule, le témoignage de leur conscience, la pensée d'être demeurés dans la justice, d'avoir honnêtement agi.

C'est toujours là qu'il en faut revenir.

INDÉPENDANCE

L'INDÉPENDANCE que donne la fortune n'a rien qui mérite et qui commande le respect.

Il n'y a qu'une grande et noble indépendance, celle de l'âme, de la conscience, du caractère ; celle-là, quand même et vis-à-vis de tous, quels qu'ils soient, il faut la conserver entière et inviolée.

La première est surtout désirée par ceux qui se sentent incapables de pratiquer la seconde.

Rêver de ne dépendre de personne que de soi-même, est le rêve des cœurs faibles qui ne trouvent pas en eux, le jour où on leur demandera des actes que réprouvera leur conscience, la force de répondre par un ferme et énergique refus.

L'indépendance absolue n'est pas de ce monde ; elle n'est pas désirable.

Nous avons tous besoin d'un frein : pour notre esprit qui se perdrait dans des imaginations extravagantes ; pour notre cœur dont les mouvements se traduiraient vite en passions désordonnées ; pour notre conscience, dans laquelle, avec une liberté que rien ne gênerait, ne tarderait pas à s'obscurcir la notion de ce qui est bien et de ce qui est mal.

Ce frein est, avant tout, dans la dépendance de la loi morale ; il est aussi dans la dépendance de l'homme.

La première demande déjà de nous une grande dépense de volonté, afin de demeurer fermement dans la voie qui nous est tracée : c'est la dépendance de Dieu s'imposant à tout le monde et honorant tout le monde.

Autrement dure et redoutable est la dépendance de l'homme, parce que, souvent, elle humilie, opprime, s'accompagne d'injustices ; parce que, parfois, elle est en contradiction avec la dépendance de Dieu.

La dépendance de l'homme vis-à-vis de l'homme est la loi commune. Les situations les plus hautes n'en exonèrent point c'est même par elles qu'elle se fait plus gênante et plus lourde.

Plus elle est étroite, plus est nécessaire l'indépendance de l'âme et du caractère.

Il ne faut pas crier en toute occasion qu'on est indépendant ; il suffit de l'être, quand cela est nécessaire.

Ceux qui crient si fort manquent souvent de voix quand ce serait le moment de parler fièrement.

La véritable indépendance est prudente, réfléchie, ne brusque rien, attend patiemment l'heure d'agir, craint et fuit les manifestations bruyantes qui enlèvent aux actes ce caractère particulier et précieux d'être simplement actes d'hommes d'honneur.

Défiez-vous de ceux dont les sacrifices recherchent le bruit, le tapage, les applaudissements de la foule ; il se pourrait qu'il y eût chez eux plus de l'homme de planches que de l'homme de caractère.

L'indépendance, qui n'est autre chose que l'état d'une âme capable de se refuser, quelles qu'en soient les conséquences, à ce que sa conscience réprouve, ne se rencontre pas seulement dans les régions où le bruit peut atteindre, elle est de toutes les régions, même des plus modestes.

C'est surtout de celles-là qu'on peut dire : que la lutte entre la conscience et l'intérêt, entre la dépendance de l'homme et la dépendance de Dieu, le triomphe du juste sur le déshonnête avec les sacrifices et les tortures qu'il peut imposer, est un des plus émouvants spectacles auquel il soit donné d'assister.

Les petits et les humbles, lorsqu'ils se sacrifient pour le devoir, se rehaussent de tout ce dont s'abaissent les grands et les puissants.

Ils montrent une vertu d'autant plus digne d'admiration, qu'elle ne provoque, chez la plupart, que dédains et sarcasmes. S'ils sont loués aujourd'hui par quelques-uns, ils seront oubliés demain par tout le monde.

Pour entreprendre cette lutte et en sortir l'âme sauve, il ne suffit pas de cœurs naturellement généreux et droits ; il faut des âmes confirmées et solidifiées par les hautes visions.

Il faut croire, croire fermement au devoir et à la justice, à celui qui impose le devoir et fait l'exacte justice.

Pour rester honnête et digne dans la dépendance de l'homme, il faut s'être mis résolument dans la dépendance de Dieu.

OBÉISSANCE

Nous rêvons tous de commander, ce qui fait que nous ne savons pas obéir.

Et, la plupart du temps, nous ne savons pas commander, parce que nous n'avons pas su obéir.

Nous rêvons de commander demain, tout de suite, nous croyant aptes à conduire les autres, sans que nous nous demandions si nous nous sommes d'abord montrés aptes à nous conduire nous-mêmes.

L'attente, la préparation, c'est bon pour le vulgaire et les médiocres, non pour ceux que leurs talents et leurs mérites mettent en dehors de la loi commune. Nous sommes manifestement de cette élite et devons passer au choix.

L'expérience que donne le temps peut être nécessaire à d'autres; pour nous, la vivacité de notre esprit et la sûreté de notre jugement suppléeront à tout.

Ces ambitieux d'aujourd'hui, ces précoces, ces présomptueux seront les incapables et les impuissants de demain.

La subordination à autrui répugne à notre nature, parce que l'homme est disposé à subordonner tout à lui-même, à ses convenances, à ses goûts, à ses intérêts. Il semble que le monde entier n'ait été créé et n'existe que pour le servir.

L'obéissance est le frein nécessaire à ces tendances égoïstes et malsaines.

Il faut savoir obéir, être contraint d'obéir, pour apprendre à discipliner sa vie.

Il faut avoir obéi pour être digne de commander.

Il y a deux sortes d'obéissance :
L'obéissance sous la contrainte et l'obéissance librement consentie.

La première n'est, le plus souvent, qu'une révolte ; la seconde est une vertu.

Une révolte, l'obéissance qui ne s'incline que devant la force ou devant l'intérêt ; elle dissimule presque toujours la colère et l'outrage.

Une vertu, l'obéissance librement apportée; elle accomplit scrupuleusement les ordres et respecte ceux qui les donnent.

Elle les respecte encore, alors qu'il ne se respectent pas eux-mêmes, que le commandement se fait dur, offensant, impitoyable.

Elle ne se redresse, proteste et refuse que devant un ordre déshonnête, ne se faisant pas la complice des entreprises injustes.

Si, en effet, il faut savoir obéir, il faut aussi savoir refuser l'obéissance.

Chose grave, qui demande une vue nette du devoir, la certitude qu'on écoute les impérieuses injonctions de la conscience, non les trompeuses suggestions de l'amour-propre froissé, de l'orgueil en révolte.

Défiez-vous des refus d'obéissance bruyants et tapageurs; ils donnent le plus souvent à percevoir autre chose que les répugnances d'un honnête homme ou le souci de la vraie dignité; ils peuvent n'être que la méchante habileté d'un ambitieux.

La religion du Christ est la grande école du respect et de l'obéissance.

La vie, pour ceux qui s'inclinent devant le précepte, n'est qu'une longue obéissance et une respectueuse soumission.

Obéissance et soumission libres de l'esprit, de la conscience, de la volonté.

Devant le chrétien, autour du chrétien, l'autorité est partout ; celle des hommes n'est qu'un reflet de l'autorité divine.

Si l'on apprend là comment il faut obéir, on y apprend aussi comment il faut commander.

Le commandement juste et bon fait les obéissances dévouées.

Le commandement sans justice et sans bonté, fait les révoltés. Il énerve les bonnes volontés et les forces ; il soulève la colère des hommes, il devra provoquer les châtiments de Dieu.

RECONNAISSANCE

De tous les fardeaux, le plus lourd à porter.

Ce que les lèvres chantent le mieux, ce que le cœur pratique le plus mal.

Qui compte sur la reconnaissance d'un obligé fait, d'abord, métier de dupe, n'est pas digne, ensuite, de la recevoir.

Qui la reçoit, est payé d'un si haut prix, qu'à son tour, il devient comme l'obligé de celui qui le donne.

Beaucoup traitent les dettes du cœur comme des dettes de caisse; ils sont pressés de se libérer.

L'homme qui sent le besoin de libérer son cœur, l'a rendu libre par avance; il est incapable de ce noble sentiment, la reconnaissance, qui n'est vrai et sincère qu'autant qu'il demeure, quand même, inaltéré et vivace au fond de l'âme.

RECONNAISSANCE

L'oubli du bienfait n'est pas encore cette répugnante chose qu'on nomme l'ingratitude ; il s'en rapproche ; il y conduit ; les âmes légères et oublieuses deviennent facilement des âmes basses.

L'ingratitude ne répond pas seulement au bienfait par l'oubli ; elle délaisse, quand il faudrait aider et secourir ; elle renie, quand il faudrait affirmer et reconnaître ; elle fuit et se cache, quand il faudrait accourir et défendre ; elle se met avec ceux qui triomphent contre celui qui succombe ; elle écoute son intérêt et fait taire son cœur ; elle est lâche et vile quand elle devrait être vaillante et généreuse.

Il ne manque pas de gens qui croient avoir droit à l'aide des autres ; pour un peu, ce sont les autres qui vont se trouver dans leur dette. S'ils s'acquittent, c'est bien ; s'ils ne s'acquittent pas, ils sont bien près d'être des misérables.

Ces braves gens-là ne s'aperçoivent pas de ce qu'on fait pour eux, mais, de ce qu'on ne fait pas et qu'ils voudraient que l'on fît.

Et comme leurs exigences sont sans limites et jamais satisfaites, c'est le contraire de la reconnaissance qu'on doit attendre et qu'on rencontre.

Les aider quand même devient vraiment vertu.

Si la reconnaissance est due par tous ceux qui ont été secourus, elle n'est méritée que par un petit nombre de ceux qui ont apporté le secours.

Que de services rendus dans lesquels on n'a rien mis de soi, rien donné de son âme, de son cœur, rien sacrifié de son temps, de son activité, de sa vie !

Que de services rendus pour la montre, pour l'effet, pour la gloire, par ostentation, par vanité !

Pour ne parler que des simples aumônes, combien ne seraient pas faites, s'il n'y avait, pour les recueillir, d'autres mains que les mains du pauvre, pour en constater l'existence ou le refus, d'autres yeux que les yeux de ceux qui pleurent ?

Le secours donné par convenance ou respect humain n'a jamais honoré personne ; il n'est souvent que le produit d'une lutte entre l'avarice et l'orgueil.

Tout service qui ne contient pas, dans une proportion quelconque, le sacrifice conscient de soi ne devra rien peser aux yeux de Dieu. Pourquoi pèserait-il plus aux yeux des hommes ?

Pour que la reconnaissance pénètre une âme, il faut que la main qui reçoit sente le cœur qui donne, qu'une vie ait trouvé le salut dans l'effort désintéressé d'une autre vie, non, qu'elle n'ait qu'à se souvenir de ces secours qu'on jette aux premiers venus, de ce don du superflu que n'accompagne aucune émotion généreuse.

Comment s'étonner que l'homme oublie ce qu'il reçoit de l'homme quand on voit comment il oublie tout ce qu'il reçoit de Dieu ?

Que de vies d'où ne s'élèvent jamais une pensée, un hommage vers l'être de qui l'on tient tout et qui dispose de tout !

Que d'hommes dont les genoux ne fléchissent que pour s'abaisser devant les puissants de ce monde, dont l'âme se révolte contre la souffrance ou s'épanouit dans le succès, sans que sorte une prière de miséricorde ou de remerciement à celui qui envoie l'épreuve ou la joie et la prospérité ?

Quand on est si facilement ingrat envers Dieu, on doit l'être plus facilement encore envers les hommes.

Les hommes peuvent dédaigner l'ingratitude ; Dieu ne dédaigne rien, parce qu'il fait la justice en tout et sur tout.

RESPECT

Un sentiment qui ne se trouve que dans les hautes régions de l'âme.

Les hommes chez lesquels ces régions n'existent pas, sont incapables de connaître, de comprendre, de pratiquer le respect.

Il ne s'agit pas du respect commandé, imposé, mais d'un sincère hommage librement rendu.

Le premier, n'est le plus souvent qu'un masque; le second une vérité; l'un est ordinairement la dérision de l'autre.

Ceux qui savent pratiquer le respect sont ceux qui ont eux-mêmes droit d'être respectés.

Qui est incapable de respect est impuissant à l'obtenir.

Le faux respect ne sert qu'à déguiser le mépris; il n'honore pas plus celui qui le reçoit que celui qui le donne.

Le vrai respect comporte :

L'oubli de soi, de ses propres mérites et de ses propres vertus pour songer aux mérites et aux vertus des autres, chose rare ;

L'intelligence et le sentiment des supériorités, chose plus rare encore ;

La faculté d'estimer qui ne se trouve que chez les honnêtes gens et ne s'applique qu'aux honnêtes gens.

Quand on sent tout cela dans le respect, il est vraiment enviable et devient excellemment la récompense des hommes de bien.

Le vrai respect ne se donne point à la légère ; c'est un sentiment réfléchi, un jugement rendu à bon escient par un juge impartial et intègre.

Il est discret, évite le tapage et le bruit, mais honore autrement que les cris et les ovations de la multitude qui vont si facilement aux aventuriers et aux charlatans.

La foule ne respecte pas ; elle acclame.

Le respect ne se recherche pas ; il s'obtient, il s'impose.

Qui court après lui, ne l'attrapera jamais.

Il n'entoure vraiment que les vies indiscutées.

Combien sont-elles ?

On prodigue le mot ; on est justement avare de la chose.

Il y a des gens qui pratiquent le vol au respect. Il réussit parfois jusqu'à faire illusion vis-à-vis d'eux-mêmes à ceux-là qui l'ont commis.

A voleur découvert, justice impitoyable.

Le respect peut aller aux plus petits et aux plus humbles ; quand ils en sont dignes, ils y ont droit plus que tous autres.

Qui donc le commande mieux que l'homme du peuple acceptant sans murmures la rude loi du travail avec ses efforts et ses privations, demeurant sourd aux mauvaises excitations, donnant aux siens l'exemple jamais démenti de la fermeté dans la droiture ?

Quelle main aimerait-on mieux serrer que la main calleuse de ces honnêtes et fiers lutteurs ?

On s'honore soi-même en les honorant ; on se rehausse en allant chercher ces petits pour les élever jusqu'à soi.

Aucune situation, aucun âge n'a droit quand même au respect.

Il se conquiert.

Pour le réclamer des autres, il faut commencer par se respecter soi-même.

L'élévation d'un homme, si haut qu'elle l'ait placé, le caractère sacré de la paternité, les cheveux blancs du vieillard n'assureront pas le respect s'ils ne sont accompagnés de l'irréprochable pureté de la vie.

C'est un spectacle triste entre tous qu'un chef de peuple non respecté du peuple, un chef de famille non respecté de ses enfants, un vieillard méprisé des jeunes gens et des hommes mûrs.

Haut les cœurs! pour qu'il reste des hommes respectables et respectueux.

Immense malheur, quand, dans une société, le sentiment du respect vient à baisser!

Que serait-ce, s'il venait à se perdre?

MÉPRIS

Mépriser, au nom de l'honneur, de la probité, de la justice, jouissance amère qui n'est réservée qu'à un petit nombre.

Les coquins se méprisent entre eux, mais ce n'est pas le vrai mépris.

Le vrai mépris est celui qui se forme et monte dans la poitrine des honnêtes gens; c'est celui-là qui venge, qui fait, quand même, justice, alors que la justice humaine se tait, sommeille, s'arrête impuissante ou lâche;

Celui que redoutent les malfaiteurs d'en haut et qui laisse une espérance au cœur chez les opprimés d'en bas;

Celui qui trouble les succès mal acquis, et qui jette une note fausse dans les applaudissements volés;

Celui qu'on voudrait éteindre et qu'on sent toujours plus vivace; qu'on voudrait acheter et qui ne se vend pas;

Celui qui finit par triompher des défaillances, des lâchetés, des illusions de la foule et par donner aux hommes et aux choses leur véritable caractère et leur véritable prix.

Tant qu'une société trouve dans l'air qu'elle respire la justice faite par le mépris des honnêtes gens, le souci du mépris des honnêtes gens, on peut ne pas désespérer de son état moral, croire à son redressement.

Mais, quand les hommes de bien deviennent trop petite église, que leur esprit, leurs exigences, leurs sévérités, leurs dégoûts laissent indifférentes les masses qui n'y voient plus que matière à moqueries et à risées; quand on bafoue tout ce qui est droit, qu'on proscrit tout ce qui est digne; quand on ne respire plus que corruption et lâcheté, une société sent la ruine et marche à l'effondrement.

Le mépris, une jouissance, oui, mais combien amère!

Jouissance faite, non d'orgueilleuse vanité, mais de sentiment de l'honnête, de besoin de justice, de respect de soi, de contentement à se savoir hors de la boue, tout en en ayant les nausées, à pouvoir se redresser de vant les coquins parvenus, leur refuser hommage, demeurer debout quand tant d'autres s'inclinent et se vautrent.

Que d'écœurements à traverser pour avoir droit à la jouissance du mépris !

Aussi pourquoi tant regarder et voir tant de choses ? Ne sont-ils pas plus heureux ceux qui passent à côté des défaillances dont la vie du monde est pleine sans autrement s'en émouvoir ?

Heureux ? Peut-être ; en tous cas, d'un bonheur inenviable, puisqu'il n'est que l'impuissance à ressentir ce qui doit soulever la colère des nobles âmes.

Cette colère-là est bonne et saine ; plaignons ceux qu'elle ne secoue point.

Pas de neutralité, pas de prudence louche, pas d'habileté cauteleuse devant ce qui est franchement déshonnête et honteux.

Les neutres, les prudents, les habiles, sont des complices.

Qui ne méprise et ne flétrit pas le parvenu de l'audace, de la fourberie et du vol, tentera demain de parvenir par les mêmes moyens.

Devant ce qui déshonore, l'énergie du mépris est en exacte raison de l'énergie et de l'élévation d'une âme.

EXPÉRIENCE

Une série de fautes dont on se souvient ;
Une suite d'écueils contre lesquels on a vu les gens se briser.

Qui consent à reconnaître ses fautes et qui veut s'en souvenir ?

Il ne manque pas d'hommes qui n'auront jamais d'expérience, n'ayant pas l'âme faite de manière à recueillir utilement les enseignements de la vie.

L'âge et le temps n'y feront rien. Que de vieillards inexpérimentés ! Grands enfants qui ont traversé la vie ayant des yeux et ne voyant pas, des oreilles et n'entendant rien.

L'expérience, pour être vraie, sérieuse, profitable, demande les plus rares qualités de l'esprit.

La faculté d'observation, la vue nette et

claire des choses, le don d'en être fortement impressionné, l'intuition qui, par-dessous les apparences, va chercher la réalité, comme couronnement, la maîtrise de soi et la rectitude du jugement qui donnent aux événements petits ou grands, aux divers incidents de la vie leur véritable caractère, les maintiennent dans leurs exactes proportions.

Comme l'expérience consiste à éclairer le présent avec les lumières du passé, il est besoin d'une intelligence qui conserve vivante la mémoire des choses vues et comprises, des hommes étudiés, qui emmagasine ces souvenirs, les classe, les étiquette, de manière à pouvoir puiser à coup sûr dans ces riches souvenirs et y trouver, juste au moment où il le faut, la leçon utile.

Il ne suffit pas de voir et de comprendre avec l'esprit, il faut encore pouvoir sentir avec le cœur : il y a des émotions de l'âme desquelles l'esprit, à lui seul, est incapable de dégager la nature et l'enseignement, si le cœur ne lui vient pas en aide.

Joignez à tout cela une pratique de la vie assez prolongée pour qu'on la puisse bien connaître, pas trop longue pour qu'on ne la puisse plus bien comprendre.

Le vieillard connaît surtout la vie de son

âge mûr ; il peut devenir inapte à comprendre la vie de ses cheveux blancs.

Que de qualités nécessaires pour faire des hommes d'expérience et de bon conseil et comment s'étonnerait-on que ces hommes-là soient si rares ?

Point de sérieuse expérience :

Chez l'homme trop confiant en lui-même : le présomptueux ne saurait bien juger, le bon jugement étant surtout fait de défiance de soi ;

Chez l'homme irréfléchi : le léger ne prend pas le temps de voir ; comment ne se briserait-il point contre des obstacles qu'il n'a pas aperçus ?

Chez le passionné et l'impétueux : l'expérience suppose le calme qui pèse et mesure, la patience qui supporte et attend, la froide décision qui choisit l'heure ;

Chez l'ambitieux qui veut doubler les étapes : l'homme expérimenté ménage sa monture ; il n'arrive pas toujours premier, mais il arrive ;

Chez l'astucieux : l'expérience ne serait plus que la mauvaise habileté des gens sans scrupules, tandis qu'elle doit rester la lumière des honnêtes gens.

On a parfois de l'expérience pour les autres quand on en manque pour soi-même ; on conseille bien ; on se dirige mal.

Ne serait-ce que le bon conseil comporte presque toujours quelque effort de volonté qu'on provoque facilement, alors que, soi-même, on est incapable de l'accomplir ?

Prudent pour qui vous consulte, on se jette soi-même dans les aventures ; on s'enlisera demain dans le bas-fond qu'on aura fait éviter la veille.

La grande et haute expérience, celle devant laquelle il faut s'incliner respectueusement, c'est l'expérience des âmes, des cœurs, l'expérience qui guide, soutient, console, relève.

Celle-là demande plus que les qualités de l'esprit et la sensibilité du cœur; elle a besoin de ce qui donne à l'âme ses grandes clartés.

Il faut, pour l'acquérir, non seulement observer, l'œil plongé dans la conscience et la vie des autres, mais l'œil plongé jusqu'au fond de sa propre conscience et de sa propre vie.

On dit que le médecin connaît surtout le mal dont il a lui-même souffert ; ainsi en est-il des maladies de l'âme; il faut avoir soi-même subi l'épreuve pour avoir le droit d'enseigner et de dire comment on lutte, où l'on trouve l'aide et le secours.

L'expérience, sans la foi aux vérités supérieures, fait souvent les habiles et les roués ; avec les immortelles espérances, elle fait les gens d'honneur dont l'exemple et les conseils aident à faire les gens de bien.

ÉPREUVE

Il en est des hommes comme des métaux précieux, ils ont besoin d'être éprouvés pour qu'on puisse connaître leur véritable valeur.

Les hommes n'ont donné leur vraie mesure que lorsqu'on les a vus aux prises avec la souffrance et l'adversité, ou bien en lutte avec eux-mêmes, sollicités qu'ils étaient par les suggestions de l'intérêt personnel.

La prospérité rend l'honnêteté si facile ! Elle recouvre les personnes et les choses d'un si beau vernis!

Avec la prospérité, tout plaît et brille ; il semble que ce soient les hommes qui portent le succès, tandis que, trop souvent, c'est le succès qui les porte.

Mais vienne un mauvais souffle, tout se

ternit, tout chancelle, et ceux qu'on voyait, l'instant d'avant, si fiers et si sûrs d'eux-mêmes, s'affalent misérablement sous le premier effort de la tempête.

Il n'est pas donné à tous de résister d'une égale sorte aux coups du malheur, parce que tous n'en sont pas également frappés.

La même secousse produira des effets bien plus violents chez les uns que chez les autres, et singulièrement variable est la faculté de résistance, qui est un composé de force physique et de force morale.

Admirons et envions les forts que rien n'abat, sans nous montrer trop sévères pour les faibles que le moindre choc jette à terre.

Dans la lutte contre la souffrance et l'adversité, les faiblesses ne sont pas toujours des lâchetés; elles proviennent souvent de la débilité des natures, impuissantes et non entièrement responsables de leurs défaillances.

Les cœurs fortement trempés sont souvent enfermés en des corps fortement musclés. L'homme que le poète nous montre impassible sur les ruines du monde nous apparaît comme une sorte d'être granitique fait pour défier les vents et la foudre.

Il ne faut plus regarder le corps et sa

charpente, quand il s'agit de la lutte entre le devoir et l'intérêt.

Epreuve suprême et décisive qui fait le grand classement des âmes fortes et des âmes faibles, des consciences inviolables et des consciences faciles, des volontés fermes et des volontés défaillantes.

On n'est pas responsable des faiblesses de son corps, de ses muscles, de ses nerfs ; on est responsable des faiblesses de son âme.

Combien qui ont apparu méritant l'estime tant qu'entre eux et le devoir n'étaient pas venues se placer les sollicitations de l'intérêt, et qu'on voit, un jour, hésitants et troublés, finir par se prêter à des compromissions dans lesquelles se flétrit cette fleur de dignité n'appartenant qu'aux hommes ayant su garder entièrement inaltéré le respect d'eux-mêmes !

Ce n'est pas par le talent qu'il faut juger les hommes, mais par le caractère.

Source de grandes amertumes, à cause des déceptions que l'on rencontre, du vide qu'on trouve devant cette terrible lanterne avec laquelle on cherche vainement des hommes, mais seul moyen de déterminer sûrement leur véritable prix.

Le talent sans le caractère n'est plus qu'un

instrument dangereux ; il fait les hommes vains, enivrés d'eux-mêmes, amoureux du bruit et des applaudissements, acceptant tout et se prêtant à tout pour les obtenir, les ambitieux sans scrupules, les hommes sans conscience entraînant à leur suite les consciences faciles.

Qu'il s'agisse de résister aux secousses de l'adversité ou aux assauts des mauvaises tentations, il faut du secours.

A qui le demandera-t-on ?

Aux hommes ?

Rien n'éloigne comme le malheur, et une conscience qui hésite est perdue, si elle n'a, pour la sauver, que des conseils humains.

JOIE ET MALHEUR

La joie ! Une grande échappée de ciel où l'on n'aperçoit pas de nuages !

La pleine santé de l'esprit et du cœur, l'épanouissement de l'âme !

Courts et rares instants de la vie où le ciel se fait si radieux et si pur, où l'esprit se sent dans le repos et dans le calme, où le cœur n'est travaillé par aucune amertune, où l'âme est tout entière au contentement et à la paix !

Si courts, qu'ils sont presque toujours accompagnés de quelque secrète angoisse; si rares, qu'on ose à peine y croire et en jouir !

Il n'est pas donné à tout le monde de pouvoir ressentir la vraie joie : elle est le privilège des honnêtes gens.

Il faut, avant tout, la paix et l'approbation de la conscience, le respect et l'estime de soi.

Le succès, s'il n'a été obtenu par des moyens que la plus scrupuleuse délicatesse puisse avouer, n'est pas la joie; il n'est que la satisfaction de l'égoïsme et de la vanité.

Le gain, la richesse ne font pas la vraie joie; ils donnent la jouissance, ce qui n'est pas du tout la même chose.

Et, de même, le pouvoir, les honneurs ne sont pas la joie; il faut trop d'habiletés et souvent trop de compromissions pour y parvenir, trop d'efforts pour les conserver, pour en porter les responsabilités et en accomplir les devoirs.

La vraie joie est un sentiment honnête, pur, exquis, ayant son siège au fond du cœur. Le succès, la fortune, les honneurs n'ont que peu de choses à voir avec le cœur.

Comme la vraie joie tient aux côtés élevés de l'âme, elle doit demeurer discrète et digne.

Ne nous vantons pas de notre bonheur; il semble que nous allons provoquer à nous le ravir.

C'est chose si fragile, que le moindre choc pourrait la briser; c'est chose si rare, qu'il est sage de cacher ce diamant précieux.

Il y a, dans le monde, tant de gens qui souffrent, que les gens heureux doivent leur épargner la vue de leur bonheur.

La joie qui se montre, qui se vante, la joie bruyante est une joie suspecte.

Rien de déplaisant comme cette chose vulgaire et basse qu'on appelle la grosse joie.

Il faut ressentir la joie et jouir du bonheur sans oublier d'où ils viennent et de qui ils dépendent.

Nous l'oublions, hélas ! trop souvent ; c'est ce qui fait qu'on nous le rappelle.

Heureux, nous vivons comme si la joie devait durer toujours, sans penser à ce que peut être le réveil du lendemain. Aussi, quand l'épreuve survient et nous saisit, combien elle nous trouve faibles et désarmés !

L'épreuve, malgré tout ce qu'elle peut contenir d'angoisses et de douleurs, est moins redoutable, pour l'âme, que la prospérité qui l'amollit et qui l'énerve.

Comment se fait-il que nous sentions Dieu, surtout quand il nous frappe, et que, dans les jours prospères, nous ne croyions sentir que nous-mêmes, notre habileté, notre chance, nos forces ?

Avec quelle violence nous sommes secoués par l'adversité dans cette torpeur de l'âme !

L'adversité ! Non, ces misères qui, à la place d'heures satisfaites et joyeuses, nous font des heures amères et ennuyées, mais ces terribles étreintes de la souffrance, ces angoisses désespérées sous lesquelles le poids de la vie se fait si lourd qu'on se demande comment on le pourra porter et qu'on ne rêve plus que d'en être déchargé.

Malgré tout, s'il est dur de souffrir, il est bon et profitable de souffrir.

Celui qui a subi l'épreuve des grandes douleurs peut regarder presque dédaigneusement ceux dont l'âme n'a jamais saigné.

La grande loi de notre nature, c'est de fuir la souffrance; la grande loi de notre vie, c'est de l'endurer.

Où sont-ils les heureux? Nulle part.

Où sont-ils ceux qui pâtissent dans leur corps, dans leur esprit ou dans leur âme ? Partout.

Aux masses de déshérités, à tous les cœurs brisés, qu'offrirez-vous ?

La force qui réprime, quelques pièces tombées de votre bourse, les négations tombées de vos systèmes ?

Dérision !

Mais il y a la parole de l'Homme-Dieu : « Bienheureux ceux qui pleurent », la plus grande et la plus féconde parole qu'il ait été donné aux hommes d'entendre.

Vous tous qui souffrez, redites-la comme une prière; gardez-la au fond de vos cœurs comme une espérance; vos privations deviendront moins dures, vos larmes moins amères.

Cœurs saignants, ayez confiance en celui qui guérit et console; il est le grand justicier, le maître des éternelles récompenses.

DÉSESPÉRÉS

Se sentir enveloppé par la souffrance et l'angoisse, de telle sorte que, promenant un regard anxieux autour de soi, on cherche vainement une issue par laquelle on puisse leur échapper ;

La souffrance de l'âme, c'est-à-dire, ces douleurs effroyables qui la saisissent et l'étreignent de façon à n'en plus faire qu'une grande et profonde plaie ;

Devant de pareilles tortures, laisser toute espérance peut bien être le supplice des damnés ; ce peut être aussi le supplice d'honnêtes gens se débattant dans les luttes de la vie.

Songe-t-on à tout ce que contiennent ces simples mots : une âme désespérée ?

Non seulement, on n'y songe pas, mais on n'y veut pas songer.

Non seulement on n'y veut pas songer,

mais quand, par hasard, on rencontre une de ces âmes, le principal souci est de se détourner et de fuir.

Que voulez-vous? Le monde n'est pas fait pour s'intéresser à ceux qui misèrent et qui souffrent, mais à ceux qui prospèrent et qui jouissent.

Et ce ne sont pas seulement les gangrenés par l'égoïsme du monde qui s'écartent des désespérés, mais la foule dans laquelle se trouvent bien des âmes honnêtes et des cœurs compatissants.

La souffrance répugne tellement à notre nature, que, pour en supporter la vue, nous avons besoin d'un effort, presque d'un acte de vertu dont le plus grand nombre est incapable.

Malgré le délaissement de presque tous et l'inutile pitié de quelques-uns, il faut vivre avec ses angoisses et son supplice.

Vivre et souffrir sans une lueur d'espoir est au-dessus des forces de l'homme.

Pas d'autres issues que le suicide ou la folie.

La mort, dites-vous, clôt et finit tout; vous êtes malheureux d'un malheur sans remède et sans espoir; qu'attendez-vous pour vous affranchir de la souffrance? C'est si facile et cela peut être si vite fait!

Pourquoi donc, dans la foule des désespérés de la vie, si peu se réfugient dans la mort ?

Pourquoi ? Parce que, en dépit de toutes les dénégations, la croyance à une vie future est au fond de l'âme humaine; parce que ce qu'on appelle l'instinct de conservation n'est que l'instinct de la destinée de l'homme auquel il est interdit d'interrompre cette préparation à une autre vie qui se fait par les luttes et les épreuves de la vie présente.

L'absolue désespérance ne se peut rencontrer que là où manque la croyance à une future vie.

Avec la foi à l'immortalité de notre âme, à Dieu et à sa justice, point d'absolue désespérance.

Dieu ! Est-il défendu d'espérer qu'un jour il se montrera plus pitoyable que les hommes et daignera nous venir en aide ?

Sa justice ! Il faudra bien qu'elle ait son heure. Cette heure-là, si nous ne l'entendons pas sonner en ce monde, n'est-ce point pour nous assurer dans un autre des réparations qui nous seront éternellement données?

Cela ne fait pas disparaître les tortures de la douleur, mais cela les atténue asssez pour permettre de vivre.

A-t-on trouvé autre chose, un meilleur remède contre le désespoir ?

Cet autre remède, on le cherche depuis que le monde existe.

Il semble bien qu'on ne l'ait pas découvert. On devra chercher longtemps encore.

RÉSIGNATION

La vertu la plus facile à conseiller aux autres, la plus difficile à pratiquer soi-même.

Ceux qui l'enseignent le plus volontiers et dans les plus beaux termes, sont généralement ceux qui n'en ont jamais eu besoin.

Sous l'étreinte de la souffrance, notre premier mouvement, est un mouvement de révolte. Apaiser la révolte, se résigner, c'est obtenir de l'âme un des plus grands efforts qu'on en puisse attendre.

La résignation n'est pas le découragement qui énerve les forces ; elle garde les siennes pour reprendre la lutte, si la lutte peut encore être utile.

Elle n'est pas le désespoir ; la résignation espère toujours et quand même.

La résignation est l'acceptation de la loi

d'épreuve, la soumission à la volonté de Dieu ; l'homme se résigne parce qu'il croit, parce qu'il espère dans la bonté et dans la justice divines.

Elle est comme le résumé de ce qu'il y a de plus grand dans l'âme humaine ; il n'y a pas de vertu plus admirable et plus haute.

Mais combien rare !

Où est-elle la souffrance qui ne gémit ni ne se plaint ? qui ne s'irrite ni ne se révolte ?

Pourquoi mes membres, mon corps sont-ils torturés par la douleur, tandis que d'autres, pleins de force et de santé, peuvent goûter à toutes les joies ?

Pourquoi mes efforts d'honnête homme ont-ils échoué, tandis qu'à côté de moi, des fripons réussissent et triomphent ?

Pourquoi suis-je condamné à me débattre contre toutes les privations, pendant que tant d'autres regorgent de biens et se vautrent dans toutes les jouissances ?

Qu'ai-je fait pour être si durement traité ?

Difficile à obtenir de ceux qui croient, qui ont les yeux fixés sur les éternelles compentions, comment pourrait-elle se rencontrer chez ceux qui ne croient pas, qui n'ont pas les espérances de l'au-delà ?

Pourtant, sans la résignation, que peut être la vie avec ses mécomptes, ses injustices, ses souffrances, et quel est le niais qui consentirat à se résigner sans compensations et sans espérances ?

Et la philosophie qui dédaigne la douleur au point de la nier, qui, en tous cas, prétend la calmer et l'apaiser avec les conseils de la sagesse, pour quoi donc comptez-vous tout cela ?

Pour rien.

La négation de la douleur est une comédie; l'apaisement des colères du misérable par les conseils de la sagesse humaine en est une autre.

La philosophie n'a jamais rien pu contre les angoisses et les étreintes de la souffrance. Elle est incapable de créer la vraie résignation dans une âme d'homme ; il faudrait, pour y parvenir, qu'elle eût et qu'elle donnât une vue autrement nette et ferme du monde présent et du monde futur et alors elle ne serait plus la philosophie telle que beaucoup la veulent comprendre.

Demandez-lui l'explication de la douleur, elle est incapable de vous la donner ; comment pourrait-elle vous apprendre de quelle manière et en vue de quoi il la faut supporter ?

Vous souffrez cruellement; votre âme est torturée : « Dédaignez vos souffrances, ayez de la philosophie », vous dit un maître.

Si, pour avoir de la philosophie, il faut dédaigner les souffrances qui torturent, personne n'en a, et, si on en a, c'est en ce qui regarde les souffrances des autres, qu'on dédaigne, celles-là, trop facilement.

Pose et dérision, paroles creuses, variations de beaux esprits, impuissance qu'on ne veut pas avouer.

Et puis, il n'y a pas en ce monde que des lettrés auxquels on peut donner de stoïques consultations, il y a des masses humaines vouées aux privations, à la misère, à l'angoisse, de la naissance à la mort.

Tandis que tout surexcite leurs appétits et que leurs maux sont rendus plus cruels par la vue du luxe et l'excès des jouissances, pensez-vous donc calmer leurs colères par la lecture de quelques belles pages qu'auront écrites des philosophes en renom ou par quelques phrases sonores qu'apporteront à des ventres affamés des rhéteurs bien rentés?

Quoi que l'on fasse, il y aura toujours des pauvres, et quoi que l'on dise, le salut des sociétés ne se trouvera que dans la résignation du pauvre.

Quand les sociétés font tout pour la lui enlever, en arrachant de son âme la foi en Dieu et dans les réparations d'une vie future, il ne faut pas qu'elles s'étonnent de trouver devant elle des révoltés qui les briseront.

Le problème social est, avant tout, un problème moral et religieux.

La souffrance, la privation, la pauvreté seront-elles acceptées?

Oui, si on allume et si on entretient dans l'âme du pauvre le flambeau des promesses divines. Non, si on l'éteint.

Alors, ce sera une effroyable nuit, d'horribles ténèbres.

LA CROIX

Un pauvre bois qui porte le monde.

Parce qu'il porte, divinisée, la vertu d'immolation et de sacrifice, sans laquelle le monde ne peut pas vivre.

L'immolation et le sacrifice sont partout volontaires ou imposés.

Les pauvres et les misérables sont des immolés et des sacrifiés, mais ils seront en même temps des révoltés, s'ils n'acceptent pas la pauvreté et la misère et ils détruiront le monde avec ses monstrueuses inégalités, dussent-elles être remplacées par l'égalité dans la privation et la souffrance.

Un Dieu qui, pour sauver et racheter les hommes, s'est offert à leurs injustices et à leurs outrages, qui a couronné son œuvre de rédemption par le gibet, c'est la suprême glorification du sacrifice volontaire, de l'immolation de soi pour le salut de tous ;

C'est la consolation, par les immortelles espérances, apportée aux souffrances qui s'imposent, à tous ceux qui endurent la privation, se débattent contre la misère, contre les tortures du corps ou de l'âme ;

Ce sont les humbles honorés, les petits relevés, tous les endoloris et les meurtris de la vie soutenus et réconfortés.

« Bienheureux ceux qui souffrent, ceux qui pleurent, ceux qui ont soif et qui ont faim, parce qu'ils verront Dieu ».

Voir Dieu ! C'est-à-dire, après les épreuves de la vie présente, les souffrances de ce long jour qui passe, trouver les récompenses qui ne passent plus, le repos, la paix, la lumière, un inaltérable bonheur !

Tandis que l'opulent, le jouisseur, le repu entendent cette parole de malédiction : « Malheur aux riches ! »

Si la béatitude de la pauvreté et de la souffrance n'est qu'une idée ingénieuse pour tromper le pauvre et l'homme qui souffre, elle est la plus incompréhensible des dérisions.

Parce que celui qui l'a proclamée l'a affirmée par sa mort ;

Parce que l'humanité, pour apaiser ses douleurs, est incapable de se laisser prendre un instant à ces rêves de ciel et de justice, si elle ne porte pas en elle la notion de la justice et du ciel.

Mais, si elle est une vérité sortie d'une bouche divine, elle est le salut ou la perte du monde.

Son salut, s'il la respecte et y croit.

Sa perte, s'il la méconnaît et en rit.

Comment donc apaisera-t-on les colères et les révoltes du pauvre devant les jouissances insolentes du riche, si l'on arrache de son âme cette pensée que sa pauvreté est préférable aux joies de l'opulent ; que, lui pauvre, épargne, amasse, tandis que l'opulent gaspille et se ruine ; que, lui pauvre, arrivera à une suprême échéance les mains pleines et l'opulent les mains vides ?

Où donc trouvera-t-on des âmes, des cœurs pour courir après la souffrance, pour sacrifier toutes les joies afin de pouvoir consoler toutes les peines, pour ne reculer devant aucune infirmité et aucune misère, pour offrir la vie elle-même, si elle peut sauver d'autres vies ?

Apaisement, consolation, sacrifice, dévouement, immolation de soi, c'est la croix qui porte tout cela, qui symbolise tout cela, parce que c'est le sacrifice divin de la croix qui inspire tout cela.

— La Croix, il faut l'abattre, renverser ce signe odieux du fanatisme et de la superstition.

— Si l'on y parvient, le monde sera, pour un temps, plongé dans une nuit et des ténèbres qu'il ne soupçonne même pas ; il verra s'amonceler des ruines à côté desquelles ne seront rien les ruines dont l'histoire lui apporte le récit et dont il a pu retrouver les traces.

Jusqu'à ce que la Croix se relève et apparaise de nouveau resplendissante et glorieuse.

Parce que la parole d'un Dieu n'est pas de celles qu'on ait le droit de ne pas entendre — « On n: se moque pas de Dieu », a dit l'apôtre — ; parce qu'un sacrifice comme celui du Golgotha n'est pas de ceux qui peuvent rester inefficaces, figurer dans l'histoire du monde comme un de ces évènements humains qui passent et s'oublient.

Les hommes, dans des moments de folie et d'aveuglement peuvent le méconnaître; au-dessus de la folie des hommes, et pour leur salut, réapparaîtra la folie de la Croix.

Depuis que le Christ est mort cloué entre deux larrons, la Croix a gouverné le monde.

Elle le gouverne encore ; elle le gouvernera en dépit des fureurs sauvages qui voudraient jeter à terre ce pauvre, simple, mais divin bois.

PAIX

Bien suprême auquel tout le monde aspire ; qui peut dire l'avoir trouvé ?

La paix que rêvent le plus grand nombre, c'est la paix dans la jouissance ; cette paix-là n'existe pas.

La put-on rencontrer, elle n'est pas faite pour contenter et remplir le cœur de l'homme.

Nous désirons passionnément la fortune ; elle vient à nous. Quand croyons-nous l'avoir saisie ? quand nos appétits sont-ils satisfaits ?

Après les luttes acharnées et trop souvent sans scrupules de la conquête, viendront les soucis angoissés de la conservation ; nous nous ferons les gardiens inquiets de notre trésor ; la ruine est si près de la prospérité !

Nous sentons au dedans de nous toutes les ardeurs au plaisir ; jeunes, riches, nous pouvons nous donner toutes les joies, épuiser toutes les voluptés; c'est vite fait; la satiété et le dégoût sont venus ; nous sommes tombés dans la paix de l'ennui et de la désillusion.

Nous avons rêvé le pouvoir et les honneurs; nous voici au sommet. C'est de là que nous voyons le mieux ceux qui veulent nous en faire descendre pour l'occuper à leur tour.

Moins ambitieux, nous avons rêvé les joies saintes de la famille ; notre rêve est devenu une réalité; nous avons trouvé un cœur battant à l'unisson de notre cœur; nous sommes heureux d'un bonheur que nous voulons goûter en paix ; quelques jours se passent et apparaissent les inquiétudes, les malaises, les épreuves, les angoisses du présent et les soucis de l'avenir, de sorte que ce qui avait commencé sous un si beau soleil, finit souvent sous un ciel gris et morne.

Nous avons rêvé les douceurs de l'amitié; nous trouvons les amertumes de l'indifférence, du désaccord ou de la trahison.

Singulière paix !

Nous sommes riches; nous avons économisé nos forces et ne connaissons pas encore la satiété du plaisir; nous sommes puissants et honorés; nous avons les satisfactions du foyer ; nous vivons entourés d'amis : malheur à nous !

Malheur à nous! Parce que la paix de la terre fait oublier la paix du ciel;

Parce que, si nous arrivons, dans ces jouissances sans troubles, jusqu'à l'heure dernière, nous aurons reçu notre récompense;

Parce que, si Dieu nous en ménage une autre, nous l'acquerrons par des épreuves et des secousses d'autant plus violentes, que nous aurons plus largement goûté aux joies de la vie.

Il n'y a qu'une vraie paix : la paix de l'esprit qui se sent en possession de la vérité, la paix de la conscience qui se sent dans le repos du devoir accompli, la paix de l'âme qui se sent dans la voie conduisant au but assigné à sa destinée.

Cette paix-là ne se conquiert point sans luttes, sans émotions, sans angoisses. Elle n'en est pas moins la grande paix, la seule vraie paix que l'homme puisse goûter; elle prépare l'autre, celle que rien ne troublera plus, l'éternel repos dans le sein de Dieu !

PAUVRETÉ

Pauvreté, dit-on, n'est pas vice.
Grossière erreur !

Pour le monde, la pauvreté est le pire des vices.

On pardonne tout aux riches ; on ne pardonne rien aux pauvres.

On pardonne aux riches des mœurs dissolues ; — à quoi bon la richesse si elle ne procure pas le plaisir ? — l'improbité heureuse, les sottises de l'orgueil, les cruautés de l'égoïsme, les infamies de la cupidité dont on admire les audaces et dont on envie les profits.

Aux pauvres, sont-ils droits, honnêtes, irréprochables, qu'on leur reproche encore leur pauvreté.

C'est crime par soi-même, chose insupportable et digne du mépris des hommes.

Crime par soi-même :
Pour ceux dont la caisse est bien garnie et que chaque jour remplit encore, les pauvres ne sont que des maladroits qui n'ont pas su conduire leurs affaires, des niais qu'ont arrêtés de sots scrupules.

Chose insupportable :
Les privations de la pauvreté gênent les jouissances de la richesse ; la misère honnête rend suspects les succès de la fortune et l'odeur des parfums brûlés devant le veau d'or.

Digne du mépris des hommes :
Gens de l'atelier et de la mansarde, tenez-vous loin des lambris dorés; vos rudes mains que le travail a noircies et vos nobles haillons qu'il a maculés les pourraient salir.

La vie du pauvre se passe entre le dédain des uns et la pitié des autres.

Le dédain peut se rendre ; on ne peut rien contre la pitié.

Combien y a-t-il d'hommes qui aient le vrai respect de la pauvreté ?

Et, pourtant, quoi de plus digne de respect, quoi de plus admirable que la pauvreté honnête ?

Que ces forces employées à remonter ce terrible rocher de la misère qui retombe toujours, à supporter des humiliations sans cesse renouvelées, à faire taire les mauvaises incitations qu'on sent sourdre et monter du fond de l'âme ?

Que ces existences qui se passent tout entières dans l'amertume et la souffrance, sans qu'on les voie éclater en d'effroyables révoltes ?

Pardonnez aux plaintes, quand elles s'échappent, aux colères quand on ne les peut contenir.

Admirez les calmes et les résignés.

Opulents et repus, saluez ces petits, ces humbles qui amassent pour un temps où vous serez trouvés les mains vides.

Un homme monte à l'étage des mansardes, s'arrête devant une porte, écoute ému, entre et trouve six jeunes enfants faisant la prière sous l'œil d'une mère, veuve d'un mari mort récemment en proférant ces paroles :

« Ne te décourage pas ; là haut, je demanderai au bon Dieu de vous venir en aide. »

Elle attendait calme et confiante le secours qui arrivait.

Femmes du monde, qu'êtes-vous sous vos diamants et votre fard devant cette admirable et sainte femme ?

Vous qui souffrez, qui peinez, qui gémissez, espérez le secours aussi, en vous rappelant cette parole :

« Bienheureux ceux qui pleurent, parce qu'ils seront consolés. »

Le monde pourra vous repousser avec mépris et vous opprimer ; le Christ vous a proclamés ses amis et ses élus.

Aujourd'hui, pauvres de la cité du monde, vous serez demain les riches de la cité de Dieu.

LE PEUPLE

Le peuple ! Derrière ce mot, que de dédains, que d'effroi, que de flatteries, que de pitié, que de respect !

Le peuple, pour certains, c'est la tourbe des misérables, des loqueteux, des porteurs de haillons ; c'est la foule ignorante, grossière et brutale, la foule qui gémit et quémande, qui vocifère et rugit, qui acclame, porte aux nues ou traîne dans la boue, un amas de gens dont on évite le contact et dont on détourne les yeux.

Sans doute ; mais c'est le nombre et c'est la force.

Si ce fauve venait à briser les barreaux de sa cage, que ne pourrait-on pas craindre ?

Si ce monstre aux appétits désordonnés allait vouloir quand même les satisfaire, que deviendraient nos richesses, nos palais, notre luxe, que deviendraient nos vies ?

Faudrait-il des sommets de la civilisation descendre tout d'un coup dans les bas-fonds de la barbarie ? Des raffinements de la vie de loisir tomber dans les grossières occupations de la vie de travail ?

C'est le nombre et c'est la force, c'est-à-dire, un levier puissant dont il faut savoir se servir.

Le peuple est ignorant, se laisse facilement séduire et tromper ; il n'en sera que plus facile à conquérir.

Arrière les répugnances, les nausées et les scrupules des délicats !

Il a de sauvages envies, on les exploitera ; des haines, on les excitera ; des appétits, on lui dira qu'ils sont légitimes.

On lui promettera tout, quitte à ne lui donner rien.

On lui dira qu'il est grand, qu'il est beau, qu'il est noble, qu'il est fort, qu'il est puissant, qu'il est souverain !

D'autres, laissant aux exploiteurs et aux charlatans ces manœuvres et ces honteuses adulations, se rappellent que, dans le peuple se trouvent les pauvres qui luttent contre la privation et la misère, ceux à qui la force a été refusée, ceux auxquels l'excès du travail l'a enlevée, les petits, les humbles, ceux qui gémissent et qui peinent, et ils sont pris d'un grand sentiment de pitié pour cette innombrable armée d'êtres visités par la souffrance et par l'épreuve.

Ils se rappellent que cette armée est aussi la noble armée des travailleurs, de ceux qui ne suffisent aux nécessités de la vie que par un effort jamais interrompu, qui grandissent par l'ordre et l'épargne, qui fournissent à leur pays ses plus fermes soutiens, ses meilleurs citoyens, qui renouvellent son sang, et ils sont pris d'un grand sentiment de respect.

Ceux-là ne flagornent pas le peuple, ne font pas de lui un instrument mis au service de leurs ambitions ; ils ne lui font pas d'irréalisables promesses.

Ils se montrent ses amis en lui disant la vérité, en lui enseignant la patience, la résignation, l'acceptation de la loi de souffrance qui est la grande loi de la vie, en pansant ses plaies, soulageant ses misères, en lui montrant, dans les clartés de l'au-delà, les promesses, faites à ceux qui auront porté sans colère le poids du jour.

— Prêcher au peuple la résignation et les compensations de la vie future, quelle dérision ?

En souffre-t-il moins dans la vie présente ?

— Oui, parce qu'il espère, tandis que vous en faites des foules de désespérés auxquels vous n'apporterez que des souffrances plus cruelles encore, sur des ruines sans nom.

TRAVAIL

Point de vie digne d'être honorée, si on ne la voit dominée par la loi du travail acceptée comme une nécessité, pratiquée comme un besoin, si, par un effort voulu et persistant, cette vie n'a pas, sous une forme quelconque, pris sa part de l'activité sociale.

Nulle exception à cette loi ; pas de privilégiés ayant le droit de bannir le travail de leur vie et d'en faire, si bon leur semble, des vies inutiles.

Les vies inutiles sont des vies méprisables.

Il faut se détourner des hommes qui n'ont pas seulement le dégoût, mais le dédain du travail.

Ceux qui ne passent pas en faisant le bien, passent en faisant le mal, et ceux-là font le mal qui donnent l'exemple de l'oisiveté et de la fainéantise.

L'oisiveté n'a pas d'excuses. Une des plus

détestables serait celle qu'on voudrait trouver dans la fortune ou la naissance.

Le riche et l'homme bien-né manquent-ils donc de moyens de se rendre utiles ? Lorsque l'activité peut prendre tant de formes généreuses, n'en sauraient-il trouver aucune ?

S'ils veulent demeurer oisifs quand même, ils sont destinés à sombrer tôt ou tard sous les dépravations qu'engendre l'oisiveté ou à s'affaisser sous l'abêtissement d'une vie sans but, vide de tout ce qui relève et de tout ce qui honore.

Malheur aux races qui dédaigneraient le travail !

Elles dégénèreront, déclineront d'un mouvement d'autant plus rapide que l'activité se sera faite plus grande autour d'elles, finiront par vivre de compromissions pour garder tout au moins, le reflet de la fortune, jusqu'à ce que ce reflet lui-même disparaisse dans de derniers effondrements.

Les restes du passé, si glorieux fussent-ils, ne peuvent plus avoir une place honorée dans le présent, qu'à la condition de s'accommoder à ses exigences.

La première des exigences du temps présent, c'est de mesurer la valeur des hommes à la somme de travail utile qu'ils peuvent donner, d'intelligence et d'activité qu'ils auront dépensée au profit du corps social.

Tout le monde, aujourd'hui, quand la patrie est en danger, se voit appelé à verser son sang pour elle ; de même, tout le monde quand elle jouit des bienfaits de la paix, doit lui apporter son effort pour la rendre plus honorée, plus prospère, plus grande, plus belle.

Les fortes races de l'avenir seront les races de travailleurs ; non, des agioteurs qui improvisent la fortune, mais de ceux qui arrivent à la richesse et à l'honneur par la lutte patiente, qui les conservent par le travail tenace et honnête.

Tout travail n'est pas bon, toute activité n'est pas saine.

Le bon travail est celui qui s'applique à un but honnête, honnêtement poursuivi ; celui-là seul honore.

L'écrivain qui bat monnaie avec les mauvais instincts de la foule, qui fausse les esprits et corrompt les cœurs, n'est pas plus digne d'estime que l'industriel qui trompe sur la qualité de ses produits.

Le succès, la notoriété, le bruit, l'argent, ce n'est pas l'honneur.

L'honneur peut se trouver dans une cabane

ou une échoppe, et ne pas se rencontrer sous des lambris que le talent mal employé aura pu dorer.

Dans nos sociétés remuées par la passion du lucre, le charlatanisme et la fraude sont partout. Le travail qui devrait toujours honorer, souvent avilit.

Il convient de n'accorder son estime aux travailleurs qu'à bon escient.

Une impardonnable faute et bien digne de mépris, serait de spéculer sur la misère pour lui imposer un travail malhonnête.

Il y a l'activité qui emploie toutes les forces de l'homme, mais en les laissant dans leur mesure, et l'activité qui les surexcite et les surmène.

La première, c'est l'état sain ; la seconde, c'est la fièvre.

La première est utile et fortifie ; la seconde est dangereuse et épuise.

A tant embrasser, ou l'on étreint mal, ou l'on étreint trop.

A tant courir, on risque de tomber en route, ou de ne pas prendre le temps d'examiner le chemin qu'on suit.

Il en est par lesquels on arrive plus vite, mais que les honnêtes gens ne prennent point.

Le champ d'activité, pour les délicats, est plus étroit que pour les fripons. Faut-il s'en plaindre ?

Leur énergie aussi, dit-on, est moindre. Ne vous y fiez pas. Craignez les hommes qui se sentent dans la vérité et dans la justice. Ceux-là savent lutter et, quand il le faut, d'une façon indomptable.

Le travail et l'activité appliqués aux choses honnêtes ne sont vraiment louables que s'ils n'absorbent pas l'homme tout entier.

Il faut réserver dans l'âme un sanctuaire pour y entretenir la lumière sacrée, pour penser au but et à la loi de la vie, pour prier.

Le meilleur travail, parce qu'il assure l'honnêteté des autres, est encore celui qui se fait sur l'âme, la conscience et la volonté.

FAMILLE

La grande école du devoir et de la dignité de la vie.

La grande pierre de touche pour l'homme et pour la femme.

Un sanctuaire où l'on prépare et façonne des gens de bien ; — à moins que ce ne soit une sentine où l'on prépare des libertins et des vicieux.

L'homme qui n'a pas su être époux fidèle et bon, comprendre et accomplir les saintes obligations de la paternité, a méconnu les devoirs les plus sacrés ; pourquoi remplirait-il fermement les autres ?

La femme qui hésite devant ses devoirs d'épouse, est déjà découronnée de ce qui fait sa dignité et son honneur.

Les honnêtes femmes n'hésitent pas, quelque cruel que soit le présent, quelque désespéré que soit l'avenir.

Celles qui hésitent et sentent leur fidélité chanceler sont déjà tombées ; on pourra écrire leur histoire psychologique, intéresser à leur chute les femmes faites pour tomber elles-mêmes, elles n'en resteront pas moins à terre, dans la posture convenant à celles qui ont fait passer leur goût, leur plaisir, leur passion avant leur devoir, qui n'ont pas su rester quand même d'honnêtes femmes.

Que dire de celles qui sont mères et que la vue d'un enfant n'a pas préservées de la souillure ?

Aussi, que voulez-vous espérer de femmes élevées pour le luxe et le plaisir ? Dont le principal souci est de faire valoir leur esprit et d'entendre célébrer leurs parures et leur beauté ; qui, soumises à l'accident de la maternité, jettent, leur enfant à des mercenaires pour retrouver plus vite les fêtes et les joies du monde ?

Est-ce que ces femmes là ne sont pas cent pieds au-dessous de la femme du peuple qui nourrit son enfant de son lait et de sa chair, qui jeûne pour qu'il puisse manger à sa faim, qui, au milieu des privations et des angoisses de la misère, sait en faire un croyant et un honnête homme ?

Au fond, le monde en pense ainsi, malgré ses adulations et ses flatteries ?

Et Dieu ?

— Les exigences du monde, des situations qu'on y occupe, qu'en faites-vous ?

Pour qu'une vie soit digne, faut-il donc qu'elle soit cloîtrée ?

— Non point : il faut qu'elle soit ouverte, comme il convient, aux rapports du monde, que, par ce côté comme par les autres, elle fasse honneur à la situation de fortune, si elle est large, à la situation publique, si elle est élevée ; mais cela ne peut-il donc se faire honorablement sans qu'une femme s'abandonne au tourbillon d'une vie de fêtes et de plaisirs qui l'absorbe à ce point qu'elle en oublie les saints devoirs de l'épouse et de la mère ?

Honneur à celles qui savent être des femmes dignement aimables, recherchées pour leur distinction, respectées pour leur vertu, des mondaines sachant garder pour le foyer le meilleur de leur esprit et de leur âme.

Tels mariages, telles familles.

Quand, de chaque côté, on est, avant tout, dominé par des pensées de luxe, de vanité, d'orgueil, par le besoin de faire figure dans le monde, comment sortirait-il, de pareilles unions, de fortes races d'hommes, des lignées de citoyens utiles, de femmes pures, chastes, à l'âme généreuse et noble ?

Les forts, a dit le poète, sont créés par les forts et par les bons (1).

Où est la force chez les hommes de désœuvrement ou d'ambitions malsaines ?

Où est la bonté, c'est-à dire, la vertu, chez les femmes de monde et de plaisir ?

Créer une famille, façonner des cœurs, des âmes, des consciences, des volontés pour Dieu et la patrie, quelle grande et sainte chose !

Mais aussi que de devoirs, que de soins, que de sacrifices, que de soucis, que d'angoisses !

C'est la grande œuvre d'une vie.

Que vaut une vie de femme quand elle entend se décharger des devoirs de la mère et s'en épargner les sacrifices ?

Si les forts et les bons naissent des vertueux, les faibles et les vicieux doivent naître des autres.

(1) Fortes creantur fortibus et bonis. (Horace).

Comment les autres pourraient-ils donner à l'enfant la force qui défend contre le vice ?

La source où puisent les vertueux, on ne cherche pas à l'aviver, mais à la tarir.

Aussi quel appauvrissement de la vie de famille !

Quelle dégénérescence dans les mœurs !

Il est vrai que le divorce est là pour séparer les humeurs mal assorties et faire ainsi des familles mieux équilibrées et plus fortes ! Pourquoi tant s'apitoyer sur le sort des enfants ? Ils grandiront plus solides et plus virils, quand ils auront été soustraits aux manifestations d'une tendresse qui débilite et énerve !

Ne désespérons point : Au dessus des lâchetés et des dépravations de la foule, ils restent nombreux les fermes cœurs d'hommes capables de montrer ce que doit-être un vrai chef de famille, les pures âmes de femmes qui font les épouses dévouées et les admirables mères.

JEUNESSE

La saison des promesses et des espérances.
En mai, une neige de fleurs; parfois en juin, il n'y a plus ni fleurs ni fruits.

L'âge de la grande sève, des grandes ardeurs, des grands enthousiasmes.

Il arrive que la sève s'échappe par quelque fissure et qu'à la place de l'arbre vigoureux sur lequel on comptait, il n'y a plus qu'un avorton ;

Que les ardeurs se dépensent et s'éteignent en d'inavouables transports ;

Que les enthousiasmes se calment et se refroidissent au point de ne plus laisser voir que des indifférents, des sceptiques et des glacés.

Mais quand la sève monte puissante, sort en solides ramures et en vertes frondaisons, quand les ardeurs se jettent à ce qui est généreux, noble et bon ; quand les enthousiasmes s'allument et s'échauffent pour ce qui est pur et pour ce qui est beau, quelle admirable et réjouissante chose que la jeunesse !

Quelle force, quelle vie, quelle puissance !
Que ne peut-on attendre de ces vaillants cœurs et de ces riches âmes ?

Illusions ! Illusions ! Tout cela se perdra et tombera vite; à la place, on verra apparaître les soucis de l'homme déceptionné pris dans les vulgarités de vie.

Non pas, pour tous; pour quelques-uns, tout au moins, ces illusions généreuses du jeune homme se traduiront, chez l'homme mûr, en des réalités de droiture, de ferme volonté, de conscience inviolable qui sont la marque de la grande famille des gens de de bien.

L'aspect le plus déplaisant, sinon le plus irritant sous lequel la jeunesse puisse se présenter est l'indifférence ou l'affectation du scepticisme.
A vingt ans, qui n'a pas tressailli pour une chose ou pour une personne; qui n'a pas éprouvé le besoin de se dévouer à une chose

ou à une personne, ne sera jamais qu'un pauvre homme.

Il faut se garder de confondre la maîtrise de soi, nécessaire à tout le monde et à tout âge, avec l'indifférence. Il y a des impassibilités qui recouvrent de violents orages.

Chez le jeune homme, le calme et la froideur venant de ce que rien ne remue et ne vibre, rien ne s'agite, pas plus au fond qu'à la surface, ce sont les haillons de l'indigence.

Quant aux jeunes sceptiques qui se disent désabusés de la vie pour en avoir, de bonne heure, pénétré les secrets, ils n'ont peut-être pas pénétré tous les secrets de la suffisance et de la sottise.

Il ne faut être ni trop sévère, ni trop indulgent pour la jeunesse.

Trop sévère, on désespèrerait trop vite. Même au milieu des fougues désordonnées et des plus grands entraînements, on peut entrevoir des lueurs qui permettent d'attendre le retour de l'enfant prodigue.

Trop indulgent, on favoriserait l'indiscipline et le libertinage.

« Il faut que jeunesse se passe; » niaise formule.

Il faut que tout passe, bien ou mal. Il y a des jeunesses qui se passent bien ; pourquoi se montrer si complaisant envers les jeunesses qui se passent mal ?

Le monde rit des jeunes hommes trop sages. De quelle chose bonne et honnête le monde ne rit-il pas, et pour quel vice n'a-t-il pas de lâches complaisances ?

Jeunes hommes sages ! Précoces vieillards qui n'ont pas su ou n'ont pas pu jouir des joies de ce monde à l'heure où le monde est fait pour leur apporter la joie !

A moins que ce ne soient simplement des jeunes hommes donnant le réconfortant spectacle de vies qui se saisissent et se disciplinent à l'heure où tant d'autres versent dans les mœurs licencieuses, qui préparent de courageux lutteurs alors que tant fuient la lutte et désertent.

Jeunes gens qui consacrez vos loisirs aux œuvres généreuses de la charité, au soulagement de ceux qui ont faim et de ceux qui souffrent, riez des rires du monde.

Il y a différentes sortes de pauvreté. Les plus pauvres ne sont pas toujours ceux qui habitent les greniers et les taudis.

AGE MUR

La saison des fruits.

Les fleurs tombées, l'arbre en était couvert, mais voici qu'ils jonchent le sol, piqués et véreux.

Parfois, ceux qui demeurent sont chétifs, avortés et sans saveur.

Mais, parfois aussi, après une belle florairaison, apparaissent des fruits brillants et sains. C'est la fécondité qui réjouit les yeux avant le profit de la récolte.

Pour cela, il faut que l'arbre ait été bien conduit, que ses racines plongent dans une terre fertile, qu'elles y aient rencontré une humidité bienfaisante, pendant que la tige, les branches et les feuilles étaient réchauffées par une excitante chaleur.

Que de choses pour former un bon fruit !

Que de choses aussi pour former un homme !

Un homme fort, droit, honnête, juste, ferme, intelligent, un homme !

Quelle joie pour l'esprit et pour le cœur que la rencontre d'un de ces vaillants !

Ils ne courent ni les rues, ni les chemins ; l'espèce en devient chaque jour plus rare et aussi plus précieuse; ils sont le sel de la terre.

L'âge mûr, c'est l'âge de la pleine activité, de la pleine force, l'âge où l'homme donne toute sa mesure; c'est la vraie vie.

C'est aussi l'âge de la plénitude des devoirs :

Devoirs de la vie privée, de la famille; devoirs de la vie publique, du citoyen prenant part aux affaires de son pays; efforts nécessités par la lutte pour l'existence et qui, sous quelque forme qu'ils se produisent, devront toujours être dominés par la loi de la dignité morale, du respect de soi-même et d'autrui.

Suivant qu'il en sera ainsi ou que la vie, sans règle supérieure, sera abandonnée au courant des incidents heureux, comme des chances défavorables, elle sera utile ou sans fruits, bienfaisante ou malsaine, sage ou désordonnée, entourée d'estime ou déconsidérée.

On la verra presque toujours ce que l'aura préparée une jeunesse généreuse ou folle; elle donnera son caractère à la vieillesse. Quand arrivent les lueurs crépusculaires, il est trop tard pour recommencer une nouvelle vie; avec les plis et les rides du front sont venus les plis et les rides de l'âme.

Arrière les vies inutiles, honneur seulement aux vies d'action et de lutte !

Arrière les vies où l'on entend surtout jouir de ce que d'autres ont amassé avant nous!

A quoi bon se soucier d'amasser encore, descendre dans l'arène quand on peut si bien, des meilleures places, contempler la mêlée; pourquoi ne pas jouir du repos, quand on peut se reposer ?

Parce que le repos n'est légitime et digne que lorsqu'il a été conquis par une vie d'efforts et de travail honnête; parce que la richesse a d'impérieux devoirs que méconnaît honteusement le jouisseur songeant seulement à profiter d'une caisse bien remplie.

Sans donner le spectacle de l'oisiveté lâche, de la jouissance effrénée, il y a des vies neutres dans lesquelles on ne voit pas le bien, l'œuvre utile, mais dans lesquelles, aussi, on n'aperçoit pas le mal, l'œuvre nuisible. Les hommes qui vivent ces vies-là, volontiers se poseraient fièrement devant vous et vous diraient : « Saluez un homme de bien. »

Non pas. L'homme de bien est l'homme qui fait le bien, qui agit, se dépense, se sacrifie, qui peine et sait s'oublier pour penser aux autres, non, l'homme rangé, qui touche ses fermages et ses rentes, les emploie le mieux et le plus agréablement qu'il peut, a de l'ordre et de l'économie, épargne et grossit son avoir, mais ne songe qu'à lui et aux siens, sans qu'on voie, à aucun instant, une pareille vie secouée par un besoin de dévouement, par un mouvement généreux.

Le grand titre d'homme de bien veut et vaut plus que cela.

La générosité, le besoin de se dévouer, quand ils se sont rencontrés dans la jeunesse, se continuent et se retrouvent dans l'âge mûr ; ils font les vies fortes, noblement remplies, celles qu'on peut regarder avec fierté, quand, le soir étant venu, on se retourne pour voir le chemin qu'on a parcouru et comment on l'a parcouru.

On ne s'y voit pas seul.

Au milieu des difficiles épreuves qu'on a traversées, on aperçoit, on touche comme du doigt le secours reçu de Celui qui aide, sur la terre, les hommes de bonne volonté, en attendant qu'il leur accorde l'éternelle paix.

VIEILLESSE

La neige des ans qui recouvre l'homme d'un manteau de respect et d'honneur, si, après la neige des fleurs, l'arbre a donné des fruits sains et bons.

La décrépitude dont on se détourne, si la vie n'a pas été de celles qu'on salue et qu'on honore.

La vieillesse n'a pas droit, par elle-même, au respect. On ne respecte pas l'impuissance ; on la plaint. On ne respecte pas les infirmités ; on en a pitié. On ne respecte que ce qui porte l'empreinte de la vraie dignité morale, que les hommes ayant su marquer fortement leur place parmi les gens de bien.

La vieillesse ne mérite d'être honorée que si elle est le repos après une utile vie de travail, le soir d'une journée bien remplie.

C'est l'âge mûr qui donne son caractère à

la vieillesse, parce que c'est l'emploi des forces, quand on est dans la plénitude de la vie, qui décide de ce qu'elle vaut.

Si elle n'a rien valu, le rang, la fortune, le nom, les longues années vécues n'imposeront pas ce que, seule, une juste estime peut apporter.

Il y a des déférences qui, non seulement ne sont pas le respect, mais qui deviennent cruelles, parce qu'elles font sentir l'absence du vrai respect.

Que dire de ces vies qui se sont passées dans le désœuvrement et la recherche effrénée du plaisir, dans les intrigues et les stériles agitations du monde?

Voici la fête qui s'avance; elle finit; les lumières prennent on ne sait quelle teinte lugubre et comme d'enterrement. Il faut se retirer, fuir ce monde qui vous délaisse et commence à rire de votre sénile jeunesse.

C'est la vieillesse qui est venue, sans qu'on y ait pris garde et qu'on s'y soit préparé.

Quelle vieillesse ! L'âme est plus fatiguée que le corps; tous les grands ressorts sont usés et ne jouent plus; on se débat entre les regrets du passé, l'impuissance du présent et les affres de l'avenir, entre l'envie qu'on porte aux hommes à succès d'aujourd'hui et les ricanements qui poursuivent les hommes à succès d'hier.

Où donc trouverait-on un motif de respect dans de pareilles vies ?

Elles ont tout gaspillé, tout défloré, tout flétri. Elles ont remplacé le travail utile par la licence démoralisante, l'activité saine par les fébriles émotions de l'ambition ou du plaisir.

Quand, arrivant les jours de déclin, pour ces hommes, tout devient amer et triste, que leur conscience, si elle peut parler encore, se trouble, que surgissent les angoisses de l'au-delà, qu'on ne sent le soutien ni de l'affection ni de l'estime, pourquoi s'apitoierait-on sur de pareilles souffrances ?

C'est le commencement de la justice.

A vie sans honneur, vieillesse sans respect.

La vieillesse est triste, même pour les honnêtes gens. On ne passe pas sans souffrir du mouvement à l'inaction, de l'activité utile à l'impuissance.

Mais quand le regard jeté en arrière permet de voir des forces bien employées, qu'on se sent entouré d'un respect sincère; quand l'âme peut songer à l'au-delà avec plus d'espérances que d'angoisses, comme les amertumes des derniers jours s'adoucissent !

C'est alors que la vieillesse prend de hauts reflets ; elle devient belle et digne d'être honorée avec son passé et ses grands espoirs.

Un beau coucher de soleil qui éclaire doucement encore avec ses dernières lueurs.

Honorée, elle doit l'être par tout le monde, mais, principalement, par ceux qui débutent dans la vie et qui voient dans un beau vieillard comme un modèle qu'après de longs jours, ils devront rêver de reproduire.

Quand le cœur d'un jeune homme est bien fait, droit et chaud, il y a entre lui et le cœur du vieillard respecté de particulières affinités, de touchantes attractions.

Que s'il en était autrement, si le vieillard n'était plus pour le jeune homme qu'un être qui gêne et qu'on évite, détournez vos regards ; vous n'avez plus devant vous que cette pitoyable graine d'égoïstes qui vivront pour eux, de cœurs étroits dans lesquels rien de généreux ne vibrera.

Et si cet état d'âme tendait à devenir celui de la jeunesse de votre temps, pleurez sur votre temps.

Sans la pensée et l'espérance d'une vie future, quelle chose cruelle que la vieillesse !

Quelle chose fréquente... et légitime ne serait-ce pas que le suicide d'un vieillard !

LA MORT

La grande maîtresse de la vie.
La vie sera ce qu'on aura pensé et ce qu'on aura attendu de la mort.

Triste, égoïste, abaissée, sans lumières et sans élans, si l'on croit, ou plutôt, si l'on veut croire qu'au delà de la vie, il n'y a rien que le néant.

Bonne, utile, généreuse, dévouée, si, au-delà du monde présent, on aperçoit des clartés aux lueurs desquelles l'on se dirige et l'on se gouverne.

Il faut savoir songer à la mort et la regarder bien en face; s'en faire une amie dont on attend la visite quand on se sent pris par la lassitude de vivre.

Quiconque en a peur, a surtout peur de ses enseignements et de ses leçons.

La pensée de la mort ne diminue point

l'activité de la vie; elle la règle; parfois même, elle l'excite et l'augmente.

Pour l'honnête homme, elle se confond avec la pensée du devoir; c'est en cela qu'elle est salutaire et fortifiante.

Pour bien mourir, il faut avoir bien vécu.

Pour bien vivre, il faut songer à bien mourir.

C'est la formule qui comprend tout, explique et gouverne tout.

Sachons avoir le profond respect de la mort; elle amène trop près de Dieu, pour qu'on ne l'aperçoive pas et qu'on ne le sente pas derrière elle.

Quiconque rit de la mort, ou joue une lugubre comédie, ou veut se rassurer et s'étourdir, ou bien est incapable de comprendre ce qu'elle enseigne.

Quiconque plaisante avec la mort, avec les choses de la mort, a l'esprit et le cœur mal faits.

Le vrai soldat ne rit pas de la mort, il la dédaigne et la brave, parce que son devoir le commande. Il la respecte et il l'honore dans ceux qu'elle a saisis et couchés à terre.

Le respect de la mort est un sentiment

universel de tous les temps et de tous les lieux.

Pourquoi ?

D'où viennent ces honneurs rendus aux morts, si de l'homme qui meurt il ne reste rien que quelques ossements bientôt réduits en poussière, quelques lambeaux de chair destinés à devenir la pâture des vers ?

Pourquoi ? Si l'humanité ne sent pas que ces ossements et ces chairs ont été vivifiés par une âme, et si elle n'entend pas porter à cet âme qui vit et demeure ses souvenirs et ses hommages ?

Certains enseignent volontiers comment il convient de mourir pour s'en acquitter proprement et dignement.

Il faut mourir de la mort du sage.

La mort du sage est celle d'un homme qui attend sa dernière heure calme, tranquille, presque souriant.

Pour un peu, il ferait couvrir sa couche de fleurs, commanderait les violons et les luths.

Comédie !

D'abord, il n'y a pas de sage, l'homme qui traite ainsi la mort étant généralement de ceux qui ont usé de la vie le plus largement qu'ils ont pu.

Ensuite, il n'y a ni calme, ni sourires, le moribond ayant horriblement peur de ce qu'il va trouver de l'autre côté de ce monde.

La vraie mort du sage, c'est la mort de l'homme qui croit à Dieu et au Christ, et qui a conformé sa vie à ses croyances.

Ce n'est pas l'heure de la pose et de la parade; le moment des grands comptes approche; il faut se recueillir, s'humilier, se repentir, prier et espérer dans la bonté et la miséricorde divines.

Il faut, pour celui qui va mourir, à la place des clartés près de s'éteindre, en apercevoir d'autres qui, déjà, commencent à luire et qui feront le plein jour de la suprême justice.

PHILOSOPHIE

De grandes jouissances pour l'esprit, un état sans force pour la volonté et la conscience.

Grandes jouissances pour l'esprit :

Remuer des idées, sans qu'on puisse apercevoir de bornes à ses conceptions, pour ne pas dire à ses rêves, et quelles idées !

Dieu, la création, l'être, l'âme humaine, la pensée, le sentiment, la volonté, le devoir, la liberté, la responsabilité, le bien et le mal, la vie présente, la vie future, comment ne serait-on pas ébloui par les splendeurs de cet horizon et ne voudrait-on pas consacrer les forces de son intelligence à le contempler et à le pénétrer ?

Trop de séductions sur l'esprit pour qu'il y ait une forte emprise sur la conscience.

Le champ est trop vaste pour qu'on ne soit pas exposé à s'y perdre.

Les envolées de l'imagination et du rêve sont trop grandes, pour que des hauteurs où elles auront conduit, on consente à descendre aux détails de la vie pratique qui forment essentiellement le domaine de la conscience.

L'action personnelle de chacun sur les idées, les systèmes destinés à expliquer les lois du monde, est trop inévitable pour que la philosophie morale, c'est-à-dire, la loi de vie qu'on se sera faite ne porte pas elle-même cette empreinte.

La loi de vie que l'homme se fait, l'homme la défait, quand ses convenances, ses goûts, son intérêt, ses passions l'y poussent.

Pauvre et minuscule barrière qui sera vite emportée; la philosophie aura beau courir après l'échappée, elle ne parviendra pas à l'atteindre et à la ramener.

Malgré tout, la philosophie, abandonnant ses hautes spéculations, quittant les nuages pour revenir sur terre, prétend au pouvoir d'y faire des sages.

Où sont-ils et comment reconnaître sa marque ?

La sagesse qui n'est qu'humaine fait surtout des hommes prudents, habiles, sachant discrètement, mais sûrement, se pousser dans le monde, saisir le succès sans en abuser; elle donne le savoir faire, la science de profiter des chances favorables, de la force des uns, de la faiblesse et de la sottise des autres.

Elle est à sa place dans les affaires par une certaine expérience des hommes et des choses, bien que, là même, elle soit souvent courte par quelque endroit.

Elle est courte par tous les endroits, quand il s'agit de la vie intérieure de l'âme, de ce mystérieux travail d'où sortent le vice ou la vertu, l'homme malfaisant ou l'homme utile.

La sagesse humaine ne comprend rien aux vies qui s'immolent, aux dévouements qui délaissent les joies pour courir après les douleurs, aux grands élans de la sainteté.

Cela bouleversant les lois communes, bouleverse toutes ses notions sur la pratique de la vie.

Elle ne croit pas au miracle et au surnaturel, n'admettant que ce qu'elle peut voir de ses yeux et toucher de ses doigts.

Exagération et hystérie ! Cela répond à tout ce qu'elle ne peut expliquer et comprendre.

Le monde finira par être plein d'hystériques. N'y pourrait-on point trouver aussi quelques aveugles, même parmi les gens qui croient voir le plus clair ?

Ne placez pas la sagesse humaine entre l'intérêt et le devoir, vous l'embarrasseriez trop.

Etant plus portée pour le profit que pour le sacrifice, elle louvoiera, cherchera à tourner l'obstacle, finalement se dérobera au moment décisif ou versera dans le déshonnête.

Le grand-prêtre de la sagesse humaine, le philosophe lui-même, tout philosophe qu'il est, n'en est pas moins homme; à de certaines heures et devant certains assauts, que pèseront ses idées et, même, ses traités sur la morale?

Il faut à l'homme quelque chose qui pénètre, saisisse, étreigne autrement sa conscience, une règle qui ne vienne pas de lui, mais d'au-dessus de lui.

Aux actes humains, règle divine.

Et puis, tout le monde n'est pas et ne peut pas être philosophe, et tout le monde a l'obligation d'agir suivant une règle morale précise et fixe.

Faut-il donc en revenir à l'odieuse distinction des privilégiés et des parias ?

Privilégiés de l'esprit, de la fortune : morale des lettrés et des riches.

Parias de l'intelligence et de la misère : morale des ignorants et des pauvres.

Morale de tout le monde, des lettrés comme des ignorants, des riches comme des pauvres, des grands comme des petits; il n'y en a qu'une; il ne peut y en avoir qu'une.

Elle est surtout nécessaire à ceux qui voudraient s'en affranchir.

Les lettrés, les riches, les grands ont besoin d'une règle qui contienne les fantaisies de leur esprit, les défende contre les faiblesses de leur cœur, leur apprenne à faire un noble usage de la richesse et de la puissance.

Où la trouveront-ils ? En eux-mêmes ?

Ils seront de tristes lettrés, de mauvais riches, de faux grands.

L'épreuve de la philosophie n'est pas seulement dans ce qu'elle fait de la vie, elle est aussi dans ce qu'elle fait de la mort.

Le vieux philosophe a passé sa vie à tout discuter, à inventer des systèmes ou à choisir parmi ceux ayant déjà leur marque; il a discuté Dieu, devenu un article de programme; peut-être a-t-il eu le courage de l'admettre, de le reconnaître; mais ce n'est pas un Dieu devant lequel on fléchisse le genou, qu'on prie; c'est assez faire que de constater intellectuellement son existence, sans qu'on puisse vous demander d'aller jusqu'au notre père qui est dans les cieux : on cesserait d'être philosophe.

Peut-être bien aussi a-t-il admis la nécessité d'une morale; mais, n'ayez cure, rien de la morale chrétienne ; c'est d'une morale noblement indépendante, uniquement basée sur les pures données de la raison qu'il s'agit : la philosophie, même quand elle recherche les lois de la vie, de la conscience, des destinées de l'homme, devant rigoureusement proscrire tout ce qui, de près ou de loin, tient à la religion.

Il a brillé parmi les siens; c'est fini; le temps des succès glorieux est passé; le soir est venu et la nuit approche; que trouvera-t-il pour l'éclairer?

La confusion des idées qu'il aura remuées, l'emmêlement des systèmes qu'il aura voulu éclaircir.

Il mourra enveloppé dans ce triste linceul.

La croix, que peut-être on lui aura fait entrevoir au moment où ses yeux allaient se fermer, pourra précéder son convoi funèbre; elle n'aura pas dominé sa vie, consolé ses derniers instants, préparé les heures éternelles.

La philosophie n'est trop souvent qu'un brillant écran servant à cacher les simples et nécessaires vérités qu'il faut croire, les lois auxquelles il faut se soumettre.

LE MONDE

Le Christ a maudit le monde : *Væ mundo!* Est-ce donc que nous soyons condamnés à vivre dans l'isolement, en cénobites ou en ascètes?

Ce serait une étrange interprétation de la divine parole, puisqu'elle méconnaîtrait un caractère essentiel de l'homme : la sociabilité.

Le Christ a dit aussi : *Væ soli!* Malheur à celui qui est seul!

Non, l'homme n'est pas fait pour être seul; son activité n'est féconde qu'autant qu'elle est jointe à d'autres activités; ses efforts ne prennent toute leur puissance qu'autant qu'ils sont associés à d'autres efforts; son intelligence, ses facultés n'acquièrent leur développement que par les rapports et la communication avec d'autres hommes; son cœur a besoin d'aimer, son âme de tressaillir et de se dévouer. *Væ soli !* Malheur à celui qui est seul !

« Aimez votre prochain comme vous-même pour l'amour de Dieu ».

Cette grande loi d'amour n'est pas une loi d'isolement ; la charité et la fraternité ne s'exercent pas entre gens ayant pour principal souci de se fuir les uns les autres.

Lors donc, qu'obéissant à la loi de sa nature, l'homme recherche l'homme pour trouver le complément de son être, les jouissances de l'esprit, des yeux, du cœur, l'épanouissement de ce qu'il sent en lui de noble, d'élevé, de généreux, le monde auquel il se mêle et qu'il contribue à former ne peut pas être celui condamné par la malédiction divine.

Mais, il y a un autre monde, fait d'intrigue et de mensonge, d'envie et de méchanceté, d'ambitions désordonnées servies par des moyens équivoques et louches, quand ils ne sont pas franchement déshonnêtes ;

Un monde où l'on rit de la vertu et où l'on honore le vice ;

Où les hommes ne savent être ni époux ni pères ;

Où les femmes oublient d'être épouses fidèles et mères dévouées ;

Où les jeunes filles perdent leur pudeur ;

Un monde emporté dans un tourbillon de plaisirs malsains, de vanités folles, de luxe insolent, de jeu, d'histrionisme, de débauches cotées et applaudies, un monde qui développe et surexcite tout ce qu'il y a de mauvais dans l'homme. Ce monde-là devient une grande école de dépravation ; il finit par ne pas laisser un pauvre coin de l'âme où soit demeurée quelque fleur non fanée, quelque sentiment ayant gardé son parfum et sa pureté.

Væ mundo ! Malheur à ce monde ; il est haïssable et digne d'être maudit.

Malheur à ceux qui se laissent saisir par lui ! Il ne rend jamais ses proies.

Quand on a pris l'habitude de ses fêtes et de ses plaisirs, ils sont devenus un tyrannique besoin : plus de foyer, plus de famille, plus de vie calme et maîtresse d'elle ; on a pris l'habitude et le besoin des toxiques ; on est mondonomane.

On croit n'obéir qu'aux nécessités de la situation ou de la naissance ; on le déplore.

Regrets hypocrites et faux. On appartient au monde de corps, de cœur et d'âme.

Le corps s'y use vite ; le cœur et l'âme plus vite encore.

On voit tant de vilaines choses acceptées, sinon approuvées, que le sens de la vraie honnêteté s'est bientôt perdu.

La morale du monde n'est pas la morale des honnêtes gens.

Quand une vie s'est passée ainsi, qu'a-t-elle récolté pour honorer les cheveux blancs de la vieillesse ?

Qu'a-t-elle à présenter à la justice du Grand Juge ?

AMOUR DE SOI

On peut, au point de vue du cœur et du caractère, répartir les hommes en de grandes familles.

Il y a les hommes qui pensent aux autres avant de penser à eux-mêmes ;

Les hommes qui pensent à eux-mêmes et aussi aux autres ;

Les hommes qui pensent beaucoup à eux et très peu aux autres ;

Les hommes qui ne pensent qu'à eux.

Les hommes qui pensent aux autres avant de penser à eux-mêmes :

Ah ! les braves gens et les braves cœurs !

Ils s'effacent; ils s'oublient. Ils ont besoin d'aider, de secourir, de consoler, de se dévouer. Ils se sacrifient simplement, comme sans y penser.

Ils s'associent à vos joies et bien plus encore à vos peines.

Sous leur parole et au serrement de leur main, on sent cette chose exquise : la vraie bonté, cette chose sainte : la vraie charité.

Ce sont les généreux et les vaillants, les chaudes âmes et les nobles cœurs !

Les hommes qui pensent à eux-mêmes et aussi aux autres :

Il n'en faut pas médire, prétendre les rabaisser et les vouloir traiter comme de petits cœurs et de petites âmes.

S'ils ne sont pas de la grande élite des généreux et des dévoués, ils sont encore des bons et des serviables.

S'ils songent à leurs affaires, ils ne sont point incapables d'aider aux affaires des autres ; on peut faire fond sur eux ; ce sont d'honnêtes gens qui ne voudraient pas causer injustement dommage, qui ne passeront pas, volontairement aveugles, à côté d'une misère sans la secourir.

Ils ne se mettront peut-être pas à sa recherche, ne courront pas après la pauvreté et la souffrance qui se cachent, mais ne se détourneront pas, s'ils les rencontrent, et, dans la mesure de leurs forces, essaieront de les soulager.

Des gens utiles et qui aiment à l'être.

Les hommes qui pensent beaucoup à eux et très peu aux autres :

Voici que nous entrons dans le vilain et déplaisant domaine de l'égoïsme.

Ici, ce n'est point que la porte soit absolument fermée à tout sentiment d'intérêt pour autrui, mais elle joue si difficilement que c'est affaire d'état de l'ouvrir.

Si pourtant elle s'ouvre, ne vous attendez pas à quelque grand effort qui se prolonge, à quelqu'un de ces généreux mouvements qui relèvent et qui sauvent ; l'effort s'arrêtera au sacrifice.

En tous cas, le cœur n'y est pas ; on est secourable par décence, non par besoin d'âme.

Les hommes qui ne pensent qu'à eux :
C'est le moi franchement haïssable.

C'est la sécheresse et la dureté du cœur ; c'est l'homme qui, non seulement ne se sacrifie pas pour les autres, mais sacrifie les autres à soi.

Dans la vie publique, il foule, broie, piétine pour arriver au pouvoir ; parvenu, il est impitoyable pour les petits, mène à grandes lanières le troupeau des humbles ; renie ceux qui l'ont servi, si d'autres peuvent le mieux servir ; accepte, afin de se pousser, les plus vils concours ; afin de se maintenir, est capable de toutes les lâchetés, sans que jamais l'arrête un sentiment de pitié pour les victimes de ses entreprises.

Dans la vie privée, ramenant tout à lui et faisant tout partir de lui, il pèse sur les relations d'un poids insupportable, rend la vie de famille douloureuse, l'amitié impossible, les rapports du monde et des affaires difficiles et suspects ; inquiet, jaloux de son droit, il se joue, sans scrupule, du droit des autres, ne songe pas aux pleurs que ses joies peuvent faire verser, jouit sans regrets et sans remords, tient pour des niais presque malfaisants ceux qui s'apitoient et se sacrifient.

Ces hommes-là sont-ils des exceptions, des monstruosités morales ?

Ne le croyons point. Regardez bien et vous les verrez un peu partout. Quelques-uns ont la prétention de mener le monde. On pourrait croire qu'ils y parviennent, si le monde pouvait vivre sans générosité, sans dévouement, sans charité.

Au point de vue simplement humain, ces hommes doivent être condamnés et flétris, parcequ'ils ont transformé en instruments d'oppression les forces de l'âme humaine.

Qu'est-ce donc au point de vue religieux et divin ?

Heureux les cœurs chauds et les cœurs larges !

Heureux les dévoués, les vaillants, les généreux !

Heureux ceux qui se présenteront les mains pleines d'actes de bonté et de sacrifice !

Malheur à ceux qui n'auront aimé qu'eux-mêmes, qui auront tout sacrifié à eux-mêmes!

Malheur aux mauvais riches, aux grands sans bonté et sans pitié, aux hommes sans cœur et sans entrailles !

Malheur ! parce que, si l'on naît avec des dispositions généreuses ou des dispositions égoïstes, on naît aussi avec le devoir de développer ce qu'on a reçu de bon et de combattre ce qu'on trouve de mauvais en soi.

Détestable excuse, que celle cherchée dans ce que la nature a mis en soi ; c'est l'excuse des lâches qui n'ont pas su lutter.

VANITÉ

C'est la montre et la parade de l'orgueil.
On dit de l'orgueil qu'il est sot ; on doit dire de la vanité qu'elle est plus sotte encore.

L'orgueil est sot, parce que se glorifier de ce qui vient des autres ou de ce qui vient de Dieu est sottise.

De ce qui vient des autres, comme le nom, la fortune.

De ce qui vient de Dieu, comme l'intelligence, le talent, la force et aussi ce qu'on appelle les hasards heureux qui font le succès.

La vanité est plus sotte encore, parce qu'il n'est rien de déplaisant et d'insupportable comme de voir jeter au dehors et prétendre imposer cet amour de soi, cette estime de soi, cette gloire de soi dont les vaniteux sont travaillés.

Il faut se défier des vaniteux : la vanité fausse le jugement et oblitère le cœur.

Le vain ne voit que lui, n'aime que lui, ne pense qu'à lui, n'aperçoit et ne juge rien qu'à travers lui ; il est un unique centre où tout converge, d'où tout part et où tout doit revenir.

Pour le vaniteux, autrui doit être un auxiliaire de sa vanité, un applaudisseur de ses succès, ou il devient un ennemi.

Un ennemi, surtout s'il réussit quand lui échoue ; si ses succès dépassent et éclipsent les siens ; s'il lui vole l'attention, le bruit, la renommée, les hommages.

Il croit toujours à l'éloge, jamais au blâme.

L'éloge lui fait accepter toutes les amitiés ; le blâme lui inspire toutes les haines.

Il aspire à tout, se croyant apte à tout, crie au déni de justice et se pose en victime, si l'on donne à d'autres ce qu'il a désiré d'obtenir.

Il ne se connaît pas d'égaux, encore moins de supérieurs, exalte ses propres mérites et rabaisse ceux de tout le monde.

La vanité exclut la dignité du caractère.

Le vaniteux, aujourd'hui fier et hautain, sera plat demain, si son intérêt ou son amour propre sont en jeu ; on le verra frapper à toutes les portes, mendier tous les concours ;

il est vrai qu'ayant obtenu ce qu'il désirait, il se figure ne le devoir qu'à lui-même et n'être dans la dette de personne.

Comment le jugement pourrait-il rester droit et sain, quand l'esprit est tout entier absorbé par la préoccupation et le souci de soi ?

Comment la vie du cœur, faite d'oubli de soi-même, d'amour, de dévouement, trouverait-elle sa place dans la vie des vaniteux ?

La vanité a ses degrés; elle est toujours la marque des pauvres âmes.

L'esprit peut être vaste, et l'âme demeurer quand même étroite.

Quelle que soit l'étendue de l'esprit, quand l'insupportable vanité le domine, il ne reste plus que de petits hommes.

La vanité va parfois jusqu'à l'hystérie du moi ; elle fait alors de grands enfants qui peuvent facilement devenir des enfants terribles et malfaisants.

Tristes âmes que celles uniquement tourmentées par la soif des louanges, par la poursuite des hommages et des grandeurs !

Ames aveugles ! Quelle place occupons-nous donc dans la vie et la marche des sociétés ?

Disparus aujourd'hui ; oubliés demain.

Dans la vie et le cœur de ceux qui nous entourent ?

La plupart des vêtus de noir sont des consolés de la veille.

« Vanité des vanités, tout n'est que vanité, excepté d'aimer Dieu et de le bien servir » : c'est la loi sur laquelle se fera la justice dernière.

Loi terrible pour ceux qui n'auront aimé et servi qu'eux-mêmes, qui auront sacrifié les éternelles récompenses, sans même avoir pu trouver les joies terrestres.

Le vaniteux souffre plus qu'il ne jouit ; il reçoit plus de blessures qu'il ne recueille de satisfactions ; son bonheur est court et vite troublé.

Plus une âme est sensible aux louanges, plus elle est atteinte par le blâme, et c'est le blâme qu'on déverse le plus volontiers sur les vaniteux.

La vanité fatigue et énerve à ce point d'arrêter l'éloge qui serait juste et de provoquer des critiques parfois non méritées.

Le vide des sympathies se fait vite autour de ceux qu'a saisis la folie de la vanité. On rit des naïfs ; on déteste et on fuit les conscients.

Quand arrive le soir, que reste-t-il des efforts faits tout le long du jour ?

Une âme inassouvie, le regret d'honneurs qu'on eût voulus plus complets et qu'on cherche encore, le souvenir amer de luttes où, parfois, le bruit des sifflets n'a plus permis d'entendre celui des battements de mains.

Et le bagage pour le grand départ ?

CALOMNIE

Une arme empoisonnée qui fait d'inguérissables blessures.

La plus lâche des méchancetés, chez ceux qui l'emploient sciemment, apportant la plus atroce des douleurs à ceux qu'elle atteint.

La calomnie peut être inconsciente et ne provenir que de la légèreté de l'esprit.

Elle peut sortir d'âmes droites trompées par de mauvaises apparences.

Le calomniateur conscient se repaît des souffrances qu'il a créées par le mensonge et l'imposture : c'est le fait des âmes viles.

Trop souvent, le calomniateur par légèreté supporte légèrement la pensée du dommage qu'il a causé et se découvre de bonnes et rassurantes excuses.

Chez les âmes vraiment droites et réfléchies, quand la vérité est apparue, le regret et l'angoisse sont en raison de la douleur apportée, avec un immense besoin de réparer le mal involontairement fait.

Mais le résultat de la calomnie est, le plus souvent, un irréparable malheur produit par une irréparable faute.

De la faute, il y en a presque toujours dans la calomnie.

On ne doit condamner un homme que si l'on est contraint de le croire coupable : Est-ce ainsi que nous procédons ?

Quand nous avons jugé et condamné, n'est-ce qu'après un sérieux examen, ou ne nous abandonnons-nous pas plutôt à une disposition qui nous fait croire trop facilement au mal, à un secret plaisir de trouver dans la flétrissure d'autrui le moyen de nous rehausser nous-mêmes ?

Et, alors, que vaut l'excuse des apparences trompeuses, si un peu de réflexion eût suffi pour les dissiper ?

L'excuse d'une fausse notoriété, des accusations de la foule, quand on doit savoir combien tout cela est fragile et commande un sévère contrôle ?

La calomnie s'attaque de préférence aux honnêtes gens, et, c'est pour cela, qu'elle fait des blessures si profondes.

Quand l'injustice atteint d'autres que nous, elle nous froisse et nous révolte, si nous avons le cœur bien fait ; elle ouvre en nous des plaies saignantes, quand c'est nous-mêmes qui sommes touchés.

Si c'est à notre honneur qu'on s'attaque, si on nous prête des sentiments vils et bas, alors que nous sommes demeurés loyaux et probes, nous nous débattons contre d'intolérables souffrances.

Souffrances redoutables entre toutes, qu'il faut attendre et qu'il faut prévoir. Espérer de n'être jamais méconnu dans ses paroles ou dans ses actes, serait vouloir être placé parmi les privilégiés de la vie.

On ne doit pas courber la tête devant la calomnie ; il faut, au contraire, la relever très haut.

Nul n'a le droit de livrer son honneur sans le défendre.

Que si l'on s'est vainement défendu, ce n'est pas la tête qu'il faut courber, ce sont les genoux qu'il faut fléchir pour demander la force nécessaire afin de ne pas succomber sous une épreuve cruelle entre toutes.

Le témoignage de la conscience ne suffit pas à guérir des plaies qui pénètrent jusque dans les dernières profondeurs de l'être ; il y faut Dieu, le secours de Dieu.

Il est une prière que chacun doit adresser : c'est que nous soit épargné le malheur de jamais condamner un innocent, de méconnaître la droiture des intentions, la loyauté des actes, de croire inconsidérément au mal ;

C'est de conserver la maîtrise de nous-mêmes qui fait apparaître les choses et les hommes sous leur véritable aspect, la réserve du jugement avec laquelle on ne brise pas ceux qui sont faits pour demeurer debout, on ne déverse pas le blâme et le mépris sur ceux qui ont droit à la considération et à l'estime.

Accuser un homme injustement, le calomnier est bien pire que d'être calomnié soi-même.

Il y a la distance de la souffrance imméritée à l'acte coupable.

MÉDISANCE

La médisance n'est pas la calomnie ; elle y expose ; elle y conduit ; la parenté est si proche, qu'on peut dire que c'est le même sang, vicié et corrompu.

La médisance dit et propage le mal ; la calomnie l'invente ; mais la médisance y croit si vite et a tant de plaisir à le raconter, que souvent elle le raconte alors qu'il n'existe point, qu'elle affirme, quand il faudrait douter.

Quiconque se plaît aux récits des médisants, devient médisant lui-même ; il les colportera l'heure d'après, peut-être envenimés et grossis.

Il y a le médisant qui parle pour parler, raconte pour raconter, qui vit dans une atmosphère où la médisance fait si bien le vrai fond de l'air respiré, qu'on l'exhale comme nécessairement.

Sans elle, que deviendrait le monde? On y périrait d'ennui.

C'est le mondain devenu inconscient des vilaines choses, le colporteur de nouvelles, parce qu'il faut des nouvelles ; y jetant le long du chemin les épices qu'il convient ; content, quand on l'a écouté et qu'on a ri de ses histoires, ne se faisant pas d'autre souci, incapable d'éprouver un sot trouble à la pensée du mal qu'il a pu faire.

Et puis, il y a le perfide, le médisant qui choisit son moment, attend son heure pour mieux mordre et mieux déchirer, qui veut compromettre, nuire, perdre, jeter à terre, débarrasser la voie d'un homme qui le gêne.

Celui-là, le plus ordinairement, se dissimule et se cache. Le mauvais bruit naît, gronde, éclate sans qu'on sache d'où il vient ; la vilaine nouvelle marche, court, galoppe, sans qu'on puisse connaître celui qui l'a lancée.

C'est l'habile et le méchant ; l'habile, que rien n'arrête pour arriver au but ; le méchant, qui veut tirer profit de ses méchancetés.

Il écoute plus qu'il ne parle, recueille et ramasse plus qu'il ne jette au dehors ; pour lui, la médisance est une arme, non un jouet ; quand il s'en sert, malheur à celui qu'elle va toucher ; elle est destinée à lui faire une blessure qui peut être mortelle.

Vous avez parfois recueilli cette parole :

« On ne lui a jamais entendu dire du mal de personne. »

Quel éloge et que d'estime dans ce mot !

Quel éloge ! Au milieu des excitations et des détestables habitudes du monde, rester maître de soi de manière à toujours respecter la loi de justice et de charité, ne jamais blesser, ne rien enlever à la considération et à l'honneur, garder au-dedans de soi la désapprobation et le blâme quand il n'est pas nécessaire de les émettre, savoir être juste, tout en restant digne et en restant bon, cela n'est pas le fait des âmes vulgaires.

Que d'estime !

Plus le monde recherche les médisants et court après les vilaines histoires, plus il estime ceux qui ne les racontent pas.

Les médisants l'amusent. Les histrions aussi.

Ceux qui ne racontent pas de vilaines histoires ne font pas rire ; mais aussi, ils ne font pas pleurer.

Ce sont même des gens qui pratiquent assez sottement la vie, pour chercher à guérir les blessures que la médisance a faites, pour consoler ceux qu'elle a meurtris, relever ceux qu'elle a renversés.

Toute médisance est coupable, inconsciente ou voulue.

— Mais alors, c'est le salut des coquins et des fripons, un abri sûr fait aux malhonnêtes gens ?

— Non point. Ce qu'il faut condamner, c'est le plaisir trouvé dans la divulgation du scandale, dans le récit de chutes dont on s'indigne bien moins qu'on ne s'en amuse.

Quant à flétrir les coquins et les fripons, à chasser les malhonnêtes gens, on peut s'en rapporter aux vrais gens de bien.

Si la charité commande le silence, elle commande aussi de faire le nécessaire pour arrêter la contagion, préserver de la peste les sains et les valides : ce n'est pas le fait des légers et des bavards, dont la parole est impuissante, mais des discrets, des sérieux et des droits.

MALVEILLANCE

Le calomniateur invente le mal ; le médisant le raconte ; le malveillant le suppose.

Il le suppose d'instinct et comme de besoin ; les vertueux le gênent, les désintéressés l'offusquent ; il se sent comme diminué par eux : le plus simple est de ne croire ni à la vertu ni au désintéressement et de soupçonner quelque comédie.

Ses doutes ont bientôt fait d'engendrer à côté de lui la médisance ou la calomnie ; il croit à leurs récits, sans les reconnaître siens ; s'applaudit d'avoir douté ; douté encore, quand la calomnie a été dévoilée et le mensonge flétri ; il se réfugie volontiers dans cette spirituelle et sûre formule ! « Il n'y a point de fumée sans feu. »

On est à l'entendre dire du bien de quelqu'un ; on l'a entendu dire du mal de tout le monde.

Les supérieurs, il les dénigre ; les égaux, il les rabaisse et les ravale.

Devant les supérieurs, obséquieux et plat ; devant les égaux, correct et bonhomme ; derrière tous, perfide et méchant.

Il y a des médisants et des calomniateurs inconscients, nuisant et faisant le mal par légèreté, inconscience, irréflexion ; le malveillant est malfaisant par nature ; il nuit parce qu'il veut nuire ; il cherche les profits de ses dénigrements et il les recueille, n'y eût-il que la satisfaction d'avoir diminué quelqu'un ; qu'il estimerait n'avoir pas perdu son temps.

Quand tout le monde approuve et applaudit, il se tait, attendant l'heure favorable pour jeter une note discordante dans ce concert de louanges ; si quelques-uns se réservent et semblent hésiter, il est avec eux, timidement et cauteleusement d'abord, bruyamment, ensuite, s'ils viennent à formuler une critique ou un blâme ; il tient à montrer qu'il a vu plus clair que bien d'autres.

Déplaisante chez l'homme, quand elle est aiguillonnée par l'ambition et l'intérêt personnel, la malveillance l'est bien plus encore chez la femme, quand elle prend sa source dans d'inavouables rivalités.

On se fait de la femme un idéal trop haut

et trop pur, pour qu'on ne retombe pas lourdement, quand on voit et qu'on écoute les coureuses de vilaines histoires, les colporteuses de scandales.

Une bonne femme ! douce, fidèle, pure, chaste, comprenant par l'esprit tout ce que l'esprit a à comprendre, sentant par le cœur tout ce que le cœur a à sentir ;

Une vraie mère ! tendre, ferme, juste, prévoyante, dévouée, tenant pour la grande œuvre de sa vie la formation d'une âme d'enfant, quel beau rêve !

Mais, hélas ! trop souvent un rêve dont on ne voit pas la réalité, parce que celles qui ont droit à nos hommages et à nos respects se cachent dans le sanctuaire du foyer, que celles qui se montrent et qu'on voit trop, qui courent les rues, les salons, le monde, n'y portent guère que les défauts, sinon les vices de la femme.

Que de vaines paroles, de méchancetés, de perfidies semées le long du chemin !

Quand elles n'ont trouvé l'occasion de dénigrer ni celui-ci ni celle-là, quelles n'ont pu mordre ni égratigner personne, ces femmes là ont perdu leur journée.

Enlevez leur les oripeaux dont elles sont parfois affublées et qui éblouissent toujours les sots, le nom, le rang, la fortune, que reste-t-il ? De pauvres et vilaines âmes qui ont négligé d'acquérir tout ce qui rehausse et ennoblit une femme, pour ne prendre que ce qui la rabaisse et la dégrade.

La beauté du visage n'est qu'un mauvais don, quand elle n'est pas accompagnée de la beauté de l'âme.

La vivacité de l'esprit n'est qu'une arme qui blesse, quand le maniement n'en est pas réglé par la générosité du cœur.

Les malveillantes ne courent pas toutes le monde ; il en est qu'on voit dans les lieux saints ; c'est la pire espèce des mauvaises langues.

On se sent presque indulgent pour les femmes élevées en pures mondaines, sévère pour celles qui, ayant reçu les enseignements des grandes croyances, n'y ont pas puisé un sentiment de réserve et de charité, impitoyable pour les dévotes venimeuses.

Calomniateurs, médisants, malveillants, même famille si nombreuse et si vaste qu'à de certains moments, on se demande si elle ne comprend pas tout le monde.

Qui peut se vanter de ne lui pas appartenir ?

Si l'on s'en vante, c'est qu'on en est, les

vantards et les orgueilleux étant les moins charitables des hommes.

« Je vous laisse un commandement nouveau, a dit le Christ, à la veille de son crucifiement, qui est de vous aimer les uns les autres, en sorte que vous vous entr'aimiez, comme je vous ai aimés.

« C'est en cela que tous connaîtront que vous êtes mes disciples, si vous avez de l'amour les uns pour les autres. »

Nous serons jugés sur ce commandement.

Combien d'élus ?

HYPOCRISIE

Ce qu'il y a de plus déplaisant dans l'hypocrisie, ce n'est pas l'hommage que le vice rend à la vertu, c'est l'hommage que, parfois, la vertu paraît rendre au vice.

Les vrais hypocrites, c'est-à-dire, ceux qui se donnent les dehors de la vertu, quand ils sont foncièrement vicieux ; ceux qui simulent des croyances, quand ils ne croient à rien, qui affectent des pratiques religieuses, quand parfois, au sortir des lieux saints, ils courent les mauvais lieux, ces hypocrites là sont plus rares qu'on ne le pourrait croire.

Ce qui est un peu partout, ce sont les esprits troublés, les âmes faibles et lâches.

Les esprits troublés, vacillants, incertains, travaillés par le besoin de croire, se figurant y être arrivés, le proclamant, puis repris le lendemain par le doute et brûlant ce qu'ils adoraient la veille.

Ils sont sincères quand il nient, sincères quand il affirment, sincères quand ils doutent.

Ils avancent, reculent, reviennent, jouets d'esprits inconsistants, sans fermeté et sans décision.

Ce ne sont pas là des hypocrites.

On se sent pris de pitié et d'indulgence pour les têtes faibles ; on n'éprouve que du mépris pour les âmes lâches.

Ames lâches, celles qui voient le bien à faire, le devoir à acccomplir, qui, un instant, font le bien et accomplissent le devoir, mais qui ne s'y peuvent tenir et donnent l'exemple d'hommes qu'on croyait honnêtes tombés dans les bas-fonds.

Ils ont conscience de leur chute et de leur abaissement, cherchent à se relever, remontent un peu, puis retombent encore, et finissent sans estime et sans respect une vie passée sans dignité et sans honneur.

Volontiers ils vous confesseraient leurs faiblesses, non par fanfaronnade, mais par le sentiment attristé de leur impuissance à résister aux entraînements du plaisir et des sens.

Etaient-ce des hypocrites quand leur vie s'écoulait régulière et correcte ?

Non point ; c'étaient seulement des âmes débiles, des volontés sans résistance, des cœurs sans générosité et sans vaillance.

Où l'hypocrisie existe et devient particulièrement repoussante, parce qu'elle apparaît avec toutes ses lâchetés, où elle devient un hommage que la vertu rend au vice, c'est, lorsqu'un homme ayant des croyances, n'ose pas les montrer dans la crainte de se nuire, agit et parle comme s'il n'en avait pas.

C'est, lorsque, se trouvant en face d'hommes vicieux, de qui peuvent dépendre sa situation présente et son avenir, il salue et honore leurs vices, témoigne des complaisances et accepte des compromissions contre lesquelles sa conscience proteste, mais contre lesquelles aussi sa volonté, trop faible, reste, impuissante.

Cette hypocrisie là est la pire et la plus méprisable de toutes.

L'autre, du moins, singe la vertu ; celle-ci singe le vice.

Elle le favorise d'autant plus que l'exemple vient d'hommes dont la conduite et les mœurs paraissent sans reproches.

En fait de croyances et d'honnêteté, pas d'équivoques et de situations indécises.

Qui n'ose confesser Dieu, le renie.

Qui honore les coquins, est, lui-même, un malhonnête homme.

AMBITION

Condamner l'ambition, c'est s'exposer à condamner les efforts de très honnêtes gens.

Encourager l'ambition, c'est s'exposer à encourager les entreprises d'êtres méprisables.

C'est qu'il y en a de deux sortes ; l'une qui met en mouvement les facultés élevées de l'homme ; l'autre, qui ne fait guère apercevoir que ses côtés bas et vils.

Travailler est la loi commune, et cette loi comporte un travail utile et fructueux : on ne saurait, sans dénaturer l'homme, lui reprocher l'ambition de retirer d'un effort honnête la plus grande somme possible de profits.

Cela est vrai pour l'homme, alors même qu'il est seul.

Combien n'est-ce pas plus vrai de l'homme ayant à supporter les charges et les responsabilités de la famille ?

Reprochera-t-on au père l'énergie que lui donne la pensée de ses enfants, le rêve d'élargir leurs ressources, d'élever leur situation de les placer plus haut, plus haut encore dans l'échelle sociale ?

Ambition et rêve respectables entre tous.

Coupable est l'homme qui a laissé déchoir le nom, le rang, l'honneur de famille dont il avait la garde ; en ne les maintenant pas au niveau où ils avaient été placés par les ancêtres, il a manqué à un devoir sacré.

Coupable encore si, pouvant honorablement élever ce niveau, il ne l'a pas su faire.

Ce sont là ambitions, non seulement permises, mais commandées, joies légitimes, celles que ces ambitions apportent quand elles ont été justement satisfaites.

Les hommes nés dans le luxe et l'opulence, qui, d'avance, ont trouvé leur vie capitonnée par la richesse, ne comprendront jamais les jouissances exquises trouvées par le père de famille dans la vue d'enfants riches des fruits de son travail, honorés par le reflet d'une vie respectée, formés pour prendre place parmi ceux que le pays distingue et auxquels il confie la défense de ses intérêts.

L'ambition, de respectable devient digne de mépris, quand elle n'est honnête ni dans son but, ni dans les moyens qu'elle emploie pour l'atteindre, quand elle ne tient compte ni des droits ni des intérêts d'autrui, ne s'arrête devant aucun obstacle, dût-elle se faire un marchepied des gens qu'elle aura broyés le long de la route.

Combien en est-il que les voies droites n'auraient conduits qu'à la moitié du chemin et qu'on voit escalader les sommets en suivant des sentiers pratiqués seulement par les malfaiteurs ?

Qu'attendre de ces hommes quand ils sont parvenus au faîte ?

Les honnêtes gens leur apparaissent comme des fâcheux, sinon comme des ennemis qu'il a fallu combattre, en tous cas, comme des hommes dont ils n'obtiendront jamais les complaisances, encore moins le respect, tandis qu'ils sont enveloppés par les aides sans scrupules dont ils ont reçu et dont ils doivent récompenser les services ; en même temps chefs et prisonniers de leurs troupes, chefs de soldats dont il faut payer l'obéissance, prisonniers de lieutenants, la plupart du temps inavouables.

Parvenir ! a été une fièvre, une obsession, un besoin qui a tout envahi, sans laisser un pauvre petit coin aux plaintes de l'âme, aux soucis de la conscience.

Parvenir à la fortune, fût-ce par le désespoir et la ruine de ceux dont ils prendront l'or; parvenir au pouvoir, fût-ce par l'écrasement de ceux qui voudraient leur barrer la route.

Parvenus, riches et puissants, sont-ils donc heureux ?

D'un triste bonheur.

Les jours d'enivrement passent vite. Bien que le cœur soit cuirassé contre toute faiblesse, il a cependant ses heures d'ennui et de nausées. Et puis, on a beau fermer portes et volets, malgré tout, il passe quelque rayon des grandes lueurs donnant à entrevoir l'inplacable mort qui guette et le juge qui attend.

De mauvais ambitieux ces hommes là, dont il faut s'écarter et qu'on doit flétrir.

Tout le monde n'aspire pas aux grands sommets, presque tout le monde, une fois entré dans une carrière, aspire aux derniers échelons.

Alors commence, pour beaucoup, une

manière de lutte pour l'existence, de course à la cravache et à l'éperon dans laquelle il faut distancer les concurrents, arriver premier, ou, tout au moins, parmi les placés.

Que d'équivoques démarches, de louches entreprises, que d'intrigues, de frappements aux portes, de plates sollicitations !

Tout cela, monnaie courante, admise et reconnue.

Place aux habiles, aux bien soutenus, aux gens sachant prendre le vent et courir sur la lame; en arrière les niais qui croient à la récompense du mérite et de la probité ;

Où sont-ils ceux qui, pour avancer, se soucient de la justice et des droits, qui reçoivent sans avoir demandé?

Mais aussi, où sont-ils ceux qui donnent sans qu'on leur demande ?

Lorsqu'un pays est profondément atteint par le mal du fonctionnarisme, il y a dans la surexcitation de tout ce monde travaillé par les petites ou grosses ambitions un grave péril moral : par dessous la lutte enfiévrée des intérêts rivaux, il est impossible de ne pas voir l'abaissement des caractères, la perte de ce sens supérieur des choses qui fait la dignité pour soi-même et aussi pour les fonctions qu'on exerce.

Cela n'attriste pas seulement quand on

songe à la masse d'individus atteints par cette lèpre; cela inquiète quand on songe à l'état social qui en favorise la propagation.

Avant d'honorer de notre salut et de notre estime un homme parvenu aux situations élevées, regardons bien par quel chemin il y est monté.

Regardons d'autant mieux que la situation est plus haute. Ne nous laissons pas éblouir.

Que le succès mal acquis trouve du moins devant lui le mépris des gens de bien; que leur encens ne se mêle pas à celui de la foule si facile à tromper. Il est de trop fine essence pour brûler devant ce qui n'est pas pur; il doit être réservé pour l'honneur indiscuté.

RICHESSE

Quelques-uns déclament contre la richesse et veulent paraître la mépriser ; tous la rêvent, alors même qu'ils ne la poursuivent pas.

La production de la richesse est la loi des sociétés humaines. Pour y vivre et y occuper une place, il faut avoir ou la fortune acquise, ou l'acquérir par l'effort et le travail.

Qui n'a pas de richesse acquise et produit peu, vit petitement et n'occupe qu'une place étroite dans le corps social : c'est le pauvre.

C'est le misérable, s'il ne produit rien ou sensiblement au-dessous de ses besoins.

C'est le riche, l'opulent, s'il a, par avance, une richesse acquise considérable, ou si, sa production dépassant de beaucoup ses besoins, il lui reste, quand ils ont été satisfaits, un important superflu.

La loi du travail n'est autre chose que la

loi d'acquisition de la richesse, dans une proportion quelconque.

D'où suit qu'étant contraints de chercher la fortune et de tenter de la saisir, les déclamations contre la richesse sont paroles creuses, vides de sens et vides d'effet.

Le monde n'est pas fait pour être peuplé d'ascètes, mais de travailleurs et de lutteurs. Il ne se livre pas aux fatalistes et aux mystiques, mais à ceux qui le dominent et le mènent par l'activité de leurs efforts et l'énergie de leur volonté.

La richesse est enviable, parce qu'elle est une force.

Mais, comme toutes les forces qui sont entre les mains de l'homme, elle ne vaut que par l'emploi qui en est fait.

Ce n'est pas contre la richesse qu'il faut protester, mais contre la mauvaise richesse. Ce n'est pas le riche qu'il faut condamner et flétrir, mais le mauvais riche.

C'est le mauvais riche que le Christ a maudit.

Malheureusement, il est partout dans le monde.

Le mauvais riche est celui qui, né dans l'opulence, ou parvenu à la fortune, emploie le superflu à grossir son trésor ou à augmenter ses jouissances, celui qui reste indifférent aux misères du pauvre ou ne lui jette qu'une dérisoire obole.

Est-il besoin de courir si loin pour trouver de ces riches là ?

Voyez les insolences du luxe, les raffinements du plaisir, les honteuses prodigalités de la débauche prostituant un or avec lequel pourrait s'apaiser la faim de tant de misérables ; voyez les millions apportés par le jeu et que le jeu remporte ; cherchez dans ces vies un sentiment élevé, le souci d'une œuvre utile, une passion généreuse, et vous chercherez en vain.

Quel est le riche qui n'a plus ou moins sacrifié à cette pensée : le droit d'employer son superflu comme bon semble ?

Non, le riche n'est pas libre de jeter son or au vent de ses caprices et de ses fantaisies. La richesse impose d'impérieux devoirs ; honte à ceux qui ne savent ni les comprendre ni les remplir !

Il faut donner, savoir donner, ne pas jeter l'aumône quand on vous la demande, ne pas attendre qu'on vous la réclame.

Il faut racheter son opulence, ne pas vivre avec le seul souci d'avoir toujours plus, mais avec le souci de ceux qui n'ont point.

Il faut éviter les insolences du luxe ; en ornant ses demeures, penser aux mansardes où l'on entend les gémissements de la maladie et de la faim; en se couvrant de soie et de pierreries, penser aux haillons du pauvre ; en garnissant sa table de mets exquis, penser à ceux qui jeûnent et qui ont froid.

Honneur aux hommes qui, au milieu des satisfactions, des jouissances de toutes sortes que peut leur apporter la richesse, sont hantés par le cauchemar de la misère, tourmentés par l'angoisse des frères qui souffrent !

Malheur à ceux dont le cœur est fermé aux sentiments de pitié, au besoin de secourir, qui, dédaignant le pauvre, ne songent qu'à jouir !

Malheur aux sociétés où, lorsque les fortunes grossissent et que l'or s'amoncelle, les âmes semblent se rétrécir !

Trop souvent, la richesse transmise amollit et énerve, tandis que la richesse conquise dessèche et endurcit.

L'homme né au sein du luxe a la vie trop facile ; point d'efforts nécessaires; partant, pourquoi se remuer, s'agiter, au lieu de se laisser doucement bercer dans une existence qui paraît devoir être à l'abri des mauvaises secousses?

C'est la privation, la lutte, quand elle est imposée, qui font les hommes d'action, développent la décision de l'esprit, la vigueur et l'énergie de la volonté, qui affermissent les cœurs.

L'âpreté de l'effort les affermit parfois jusqu'à la dureté. Combien n'en voit-on pas de ces parvenus de l'or regarder dédaigneusement ceux qui sont demeurés au bas de l'échelle dont, eux, ont atteint les derniers degrés, oublier les jours de dénûment et d'épreuve, ne songer plus qu'à jouir sans partager avec personne ?

Ainsi se trouve justifiée cette grande et redoutable parole : « Combien il est difficile, disait le Christ, que ceux qui ont beaucoup de bien entrent dans le royaume de Dieu! » Et comme ceux qui l'écoutaient lui dirent : « Qui pourra donc être sauvé? » Il répondit : « Ce qui est impossible aux hommes est possible à Dieu. » (1)

Ce qui est possible à Dieu, c'est de faire le bon riche.

Quelle noble force cela peut être qu'une grande fortune noblement employée?

(1) Saint Luc XVIII, 24 et s.

Que de bonnes volontés à aider, que de souffrances à soulager, que de cœurs à guérir !

Comment se fait-il qu'à l'entrée du chemin qui conduit à la richesse, nous apercevions tant de bien à faire et rêvions de le pouvoir accomplir, et qu'arrivés au but, souvent nous ne songions plus à l'entreprendre ?

Nous sommes, comme tant d'autres, devenus de mauvais riches.

HABILETÉ

Défiez-vous des gens habiles, ils oublient trop facilement d'être des gens honnêtes.

L'habileté n'est souvent que la supériorité des hommes sans scrupules sur ceux qui s'arrêtent devant la malhonnêteté et l'injustice.

L'habile affirme le moins qu'il peut, afin, un jour, de pouvoir tout nier.

Il manque à sa parole en ayant l'air de la tenir.

Il côtoie la loi et ne la franchit jamais.

Affecte de respecter les préceptes de la morale, tout en s'en moquant.

Il ne se met point en avant, mais y pousse les autres; il les excite, les encourage; au dernier tournant du chemin, il a disparu pour aller grossir les rangs adverses, si, de ce côté, il a flairé le succès.

Il est vrai que, si vous devez réussir, bien qu'à la première heure, vous ne l'ayez pas aperçu parmi ceux qui marchaient avec vous, à la dernière, vous avez chance de l'apercevoir se faufilant aux premiers rangs de ceux qui vous auront soutenu.

L'habile fait bon visage à tout le monde et ne s'intéresse à personne.

On le répute serviable, quand il ne sert que lui-même.

Il prend merveilleusement le vent, en surveille et en prévoit les sautes, comme un homme toujours prêt à tourner sa voile du bon côté.

Il rit des gens qui vont se briser sur ces vieilles roches qu'on nomme l'honneur et la conscience; on ne le trouve point parmi ceux qui portent secours à ces naufragés.

Il préfère les chemins de traverse aux grandes routes.

Profite des défauts et exploite les vices.

Connaît les moyens de se débarrasser d'un homme qui gêne et les emploie sans scrupules.

Il recherche les amitiés utiles, sans se soucier de savoir si elles sont honorables, repousse du pied ceux qui ne le peuvent plus servir, salue aujourd'hui, encensera demain, reniera après demain.

Il est une chose qu'il ne sait pas faire : conquérir la véritable estime des vrais honnêtes gens.

Malgré tout, une des choses les plus enviées est d'entendre dire de soi : « C'est un habile homme. »

Aux yeux de la foule, l'habileté se confond avec le succès; sous un homme heureux, on veut toujours voir un homme habile; le succès fascine et couvre tout.

Pourquoi tant demander à un homme dont les caisses sont pleines comment il les a remplies ? Il a su amasser de l'or et en peut donner; cela suffit.

Pourquoi scruter les moyens à l'aide desquels un homme est parvenu au pouvoir? Il a su y monter et peut vous en frayer la route. Qu'importe le reste ?

Pauvres et courtes habiletés que celles qui, pour aboutir, suivent les voies tortueuses.

Les plus habiles sont souvent le plus vite trompés, par la confiance même qu'ils ont en leurs propres forces.

On a tout pesé, tout prévu, tout ordonné; il semble qu'on tient le succès; mais voici que se détache une pierre, un grain de sable, et l'édifice si laborieusement élevé se lézarde et s'écroule..

On s'est assuré l'appui d'hommes aujourd'hui puissants, et demain, quand on aura besoin d'eux, ils seront à terre.

Un jour, on promet de vous servir, et l'on vous trahit le jour d'après, trouvant plus de profit à en servir d'autres.

Si votre fortune périclite, voyez les amis sûrs et dévoués qui, sans doute par discrétion, se tiennent à distance; si elle sombre, ne les cherchez plus; ils ont disparu.

Êtes-vous bien certain qu'à leur place, vous eussiez fait différemment ?

Il n'y a qu'une vraie et solide habileté: celle des hommes qu'on voit toujours droits et fermes dans les sentiers de l'honneur.

Ces hommes-là savent, eux aussi, triompher des difficultés, conduire leurs affaires et celles de leur pays.

Aux jours de crise, ils sont une force; les autres ne sont que des étais pourris.

S'ils sont renversés, il reste du moins d'honnêtes gens qu'on salue et qu'on respecte encore; des seconds, il ne reste que des ambitieux qu'on bafoue, quand ils sont à terre.

Les honnêtes gens croient à quelque chose au-dessus d'eux; c'est pour cela qu'ils sont honnêtes.

Les habiles ne croient qu'à eux-mêmes; c'est pour cela qu'ils sont méprisables.

ENVIE

Le déplaisir que nous cause la possession par autrui de ce que nous n'avons pas et voudrions avoir.

La privation, par elle-même, est une souffrance ; la souffrance devient bien plus aiguë, quand on jouit sous nos yeux, à côté de nous.

Il en résulte une sorte de haine contre ces privilégiés, ces nantis, alors même qu'ils nous sont le plus étrangers et que nous n'avons rien autre chose à leur reprocher que de posséder et de jouir.

Privilégiés de la fortune, qui ont tout en abondance, pendant que nous misérons ; qui voient le monde s'incliner devant leur opulence, tandis qu'on dédaigne notre pauvreté ;

Nantis de la notoriété, qui reçoivent les hommages et les applaudissemeuts de la foule, tandis qu'on passe à côté de notre obscurité sans même daigner nous apercevoir.

Nantis du pouvoir, qui conduisent, dirigent, gouvernent, disposent des personnes et des choses, tandis que nous, qui nous croyons mieux de taille à conduire et gouverner, restons perdus dans la masse inconnue, il nous faut obéir, quand nous devrions commander.

Nous sommes plus malheureux par le bonheur et le succès des autres que nous ne serions heureux par notre propre bonheur et notre propre succès.

L'homme qui réussit devient comme l'ennemi commun des jaloux et des envieux, ce qui est presque tout le monde.

Aussi, pourquoi a-t-il réussi, quand nous sommes encore à lutter et à nous débattre ?

Pourquoi est-il arrivé, quand nous sommes encore à moitié du chemin ?

La veille, il avait tous les mérites ; c'était un vaillant lutteur dont on saluait et encourageait les efforts, avec le secret espoir qu'ils demeureraient vains ; le lendemain, il n'est plus qu'un intrigant et un vulgaire parvenu.

L'envie est partout ; elle s'attache à tout.

Pas de succès qui ne la provoque et devant lequel elle désarme.

Elle croît avec la réussite, grandit, s'acharne; elle emploie toutes les armes, et, de préférence, les plus perfides : le dénigrement et la calomnie ; elle blâme, quand il faudrait louer; elle abaisse quand il faudrait élever, grossit les torts et les fautes, quand il serait équitable de les atténuer.

Peu importent la vérité et la justice, pourvu qu'on puisse atteindre et jeter à terre ces audacieux qui se permettent de dépasser notre taille, de puiser dans les jouissances humaines avec une coupe plus grande que la nôtre.

Il est d'usage de condamner surtout l'envie des déshérités, des serfs du travail contre ceux qui possèdent et qui jouissent.
De toutes, c'est la plus digne d'indulgence.
Quoi ! ne pardonnerez-vous rien à ces malheureux qui pâtissent tout le long du jour et tout le long de la vie ?
Faudra-t-il qu'ils baissent humblement le front devant l'insolence de vos joies, y applaudissant comme si elles vous étaient dues, tandis que le lot de souffrances et de misères qui leur est échu était le seul auquel ils pussent prétendre ?

L'envie la plus coupable est celle qui forme le fond de ce qu'on appelle la vie du monde, l'envie entre rivaux dans la jouissance, entre hommes qui se saluent, se sourient, se haïssent et se méprisent, dont les serrements de mains dissimulent mal le bonheur éprouvé à se dénigrer habilement, à se diminuer, à se détruire ;

Ce sont ces féroces jalousies de femmes, jalousies de rang, de fortune, d'éclat, de succès, de beauté qui donnent à apercevoir toutes les laideurs et toutes les prostitutions de l'âme.

Ecoutez ces conversations de salons et de cercles et comprenez bien ce qui en est le principal aliment.

Les lettres, les sciences, les arts, l'intérêt public ?

Allons donc ! En quelle compagnie de vieux savants ou de sages grand'mères vous croyez-vous ?

Le principal aliment, c'est le dénigrement des personnes, et, spécialement, de celles que recommande au venin un succès quelconque, fût-ce un succès de vertu, de tous le plus gênant et le plus insupportable chez une femme.

Le monde, dira-t-on, a toujours été ainsi fait ; peines perdues que de le vouloir changer.

On en convient ; mais il est bon de rappeler que ce qui change encore moins, c'est la loi de charité suivant laquelle nous serons jugés.

Que, par la volonté, cette loi pénètre l'âme — et il le faut — elle la guérira de cette détestable chose, l'envie ; elle apaisera ces accès de folie jalouse qui inspirent tant de paroles venimeuses et provoquent tant d'actes coupables.

VENGEANCE

Une jouissance exquise pour les âmes méchantes ; un besoin auquel les âmes les meilleures ne peuvent résister que par le plus violent effort.

Ce qui en fait très particulièrement le danger, c'est que, dans le besoin de vengeance, il y a un besoin de justice, et que le sentiment de la justice s'impose si impérieusement à nous, que, là où il existe, il domine et semble légitimer tout le reste.

La règle, que nul ne doit se rendre justice à soi-même, s'impose à grand'peine, quand la justice des hommes peut nous défendre, qu'on se sent protégé par la loi ; elle devient impuissante à réprimer l'âpreté des ressentiments, les bouillonnements de la colère, quand on ne sent plus cette protection et que cependant, on a reçu dans ses plus chers intérêts, dans sa considération, dans son honneur, un dommage souvent irréparable.

Et, pourtant, la pire des justices est celle qu'on fait sous l'aiguillon de l'outrage, quand on est tout saignant encore des blessures reçues.

Comment pourrait-on demeurer dans la vraie mesure et proportionner la réparation à l'offense ?

Et le pût-on faire, que le désir de vengeance serait encore un sentiment mauvais, parce que ce qui le caractérise, c'est le plaisir, la malsaine volupté trouvés dans le mal rendu, dans la souffrance reportée à d'autres, souffrance dont on jouit, dont on se repaît, qu'on savoure.

C'est un refoulement des bons instincts du cœur, pour laisser le champ libre aux dispositions parfois cruelles que chacun porte et doit réprimer en soi.

Par ce que le besoin de la vengeance est un sentiment qui se produit spontanément et violemment chez l'homme, le pardon des injures est un acte rare et de haute vertu.

Vertu inconnue avant le Christ, vertu méconnue par ceux qui ne s'inclinent pas devant la loi du Christ, et qui voient une défaillance et une lâcheté là où l'âme est obligée de ramasser toutes ses forces pour triompher de ce qui se soulève et bouillonne en elle, pour accomplir l'acte admirable contenu dans ce simple mot : pardonner.

Pardonner, en gardant notre dignité sauve.

On ne peut demander à un homme d'honneur de s'humilier devant celui qui l'aura lâchement outragé, odieusement calomnié ; on peut lui demander de ne pas se laisser emporter par des ressentiments qui deviendraient implacables, de dédaigner l'affront, si l'affront peut être dédaigné, tout en gardant le mépris, si l'acte est véritablement méprisable.

On *doit* lui demander de ne pas poursuivre la réparation par des moyens que la loi chrétienne condamne et réprouve.

Obligation terrible entre toutes, puisqu'elle nous expose à nous voir appliquer un mot qui, d'après nos idées et nos mœurs, est de tous le plus redoutable.

Et pourtant, la loi chrétienne doit rester quand même respectée, et, comme elle proscrit le duel, il est défendu au chrétien d'y recourir, si dure que puisse être cette défense.

Cela devient atroce quand on s'est fait l'offenseur et que, d'après les lois du monde, la réparation est justement demandée.

Si elle est due, elle doit être donnée, non

par le croisement du fer, mais par le retrait des paroles outrageantes et le regret de les avoir proférées.

— C'est encore le déshonneur, dira-t-on, parce que c'est encore s'exposer au reproche de lâcheté.

— Vaut-il mieux, au premier tort de l'injure, ajouter le scandale d'un manquement public à la loi religieuse dont on fait profession ?

Tout homme doit rester maître de sa langue, à plus forte raison quand cet homme est un chrétien convaincu et avéré.

Si, dans un moment d'oubli, on n'a pas eu cette maîtrise, qu'on ait au moins celle de sa main et de son bras et qu'on ne frappe pas, mortellement peut-être, quand on a déjà injustement blessé.

La simple justice veut que le mal soit réparé et les prescriptions divines défendent qu'il le soit par les armes.

Si vous vous sentez incapable d'une autre réparation et que vous choisissiez celle que proscrit votre foi, de quel droit vous dites-vous chrétien, quand vous donnez l'exemple public de la violation d'un précepte devant lequel tout vrai chrétien doit s'incliner ?

Malheur à celui par qui le scandale est venu !

Que si au lieu d'être l'offenseur, vous étiez l'offensé, et que vous voulussiez, malgré tout, suivre la loi du monde, au lieu de suivre la loi de Dieu, votre tort serait autrement grave, puisque vous auriez méconnu et la défense de la réparation par les armes et le commandement du pardon.

Rappelons-nous que, dans la prière sortie des lèvres de Jésus, et contenant ce que l'homme doit demander chaque jour, le pardon des injures que nous aurons faites à Dieu est subordonné au pardon des injures que nous aurons reçues de nos frères :

« Pardonnez-nous nos offenses, comme nous les pardonnons à ceux qui nous ont offensés »

Que cette prière ne soit pas seulement sur nos lèvres ; qu'elle devienne un sentiment que nous retrouvions au plus profond de notre cœur, et, le jour où il le faudra, un acte de notre volonté !

DÉFIANCE

Le fabuliste a dit :
« Il savait que la méfiance est mère de la sûreté ».

C'est quelquefois vrai, et c'est souvent faux.

La défiance peut être la marque d'un jugement sûr, comme elle peut être une grave maladie de l'esprit.

Il faut savoir se défier, quand il convient ; il ne faut pas se défier toujours, de tout le monde et de toutes choses, sans cause et sans raison.

Les coquins sont un peu partout ; ils courent les rues; prenons garde ; fermons solidement nos portes; mais aussi, sachons les ouvrir aux honnêtes gens.

Dans le monde, les faux, les fourbes, les perfides, les roués ne sont point espèce rare : ouvrons grands les yeux pour ne pas nous laisser prendre aux méchantes habiletés de ces gens-là, pour éviter leurs pièges et échapper à leurs trahisons; mais aussi sachons reconnaître les droits, les loyaux, les sincères et ne leur faisons pas l'outrage de suspecter leur droiture, de nous défier d'eux.

La défiance, quand elle est excessive et qu'elle devient un mal de l'esprit, n'est plus une sûreté, mais une cause de dommage et de souffrance; elle sème les difficultés, multiplie les blessures.

Le défiant, dans les affaires, atermoie, ajourne, fatigue par des exigences toujours renouvelées; il manque l'heure favorable que d'autres saisissent.

Dans les rapports ordinaires de la vie, il éloigne les amitiés, pèse sur les affections, s'étonne et s'attriste de son isolement, souffre et fait souffrir.

Il voit des intentions malveillantes derrière les plus inoffensives paroles, scrute, fouille, interroge, complique ce qui est simple, embrouille ce qui est clair.

Il blesse tout le monde, quand personne n'a voulu le blesser; il se plaint de tout le monde, quand il n'aurait à se plaindre que de lui-même.

Maladie de l'esprit la défiance excessive: peut-être bien est-ce maladie de l'âme qu'il faut dire ? Maladie de l'âme qu'on peut et qu'on doit guérir en lui appliquant le souverain remède des efforts de la volonté dirigée par les avertissements et les inspirations de la conscience.

La défiance excessive, avec ses susceptibilités outrées, ses inquiétudes toujours en éveil, ses ombrages, ses jalousies folles, celle qui envahit l'âme au point de l'obscurcir, qui fausse le jugement, aigrit le caractère, vient, au fond, d'un sentiment personnel exagéré, d'une disposition égoïste qui fait que l'on ramène tout à soi, que l'on fait tout partir de soi, que l'on subordonne tout a ses convenances, à ses goûts, à son amour propre, à sa vanité, tout à soi.

Disposition, non pas seulement déplaisante mais mauvaise, relevant, par cela même, de la conscience qui doit la désapprouver et la combattre.

N'ayons pas tant de confiance en nous-mêmes, et nous en aurons davantage dans les autres, qui souvent en sont dignes.

N'ayons pas tant l'amour de nous-mêmes, nous rechercherons et mériterons mieux l'amour des autres, qui, souvent, ne demandent qu'à nous le donner.

Pauvres et orgueilleuses âmes que celles

qui ne peuvent pas croire à la droiture des intentions, à l'honnêteté des actes, à la sincérité des affections, parce que, le plus ordinairement, ces âmes-là ne croient qu'à elles-mêmes et n'aiment qu'elles-mêmes.

Il faut savoir se défier des coquins et se confier aux honnêtes gens, détester les vicieux et reconnaître les droits et les purs.

Il faut surtout savoir se défier de soi-même.

LÉGÈRETÉ

Le plus aimable et le plus dangereux des défauts.

Il est bon de rire ; la gaieté est chose saine ; elle indique, parfois, des gens heureux et des consciences tranquilles ; mais, en somme, la vie est chose sérieuse, et il faut pouvoir la prendre au sérieux.

Le léger ne peut pas.

Il n'approfondit rien, parce qu'il ne peut s'arrêter sur rien ; il passe ; son esprit a besoin de marcher, de courir, de changer de place.

Il croit avoir tout vu d'un seul coup d'œil ou d'un seul effort de la pensée, et, la plupart du temps, il n'a rien vu ; en tous cas, il n'a pas vu ce qu'il fallait voir.

Il n'aperçoit point les obstacles ou va vers eux avec une pitoyable confiance dans ses forces : il se brise.

Malheur à ceux qui lui confient leurs intérêts; il est dangereux pour lui-même et dangereux pour les autres; irréfléchi, téméraire, imprudent dans la conduite des affaires, embrouillant les simples, rendant mauvaises les bonnes, perdant en peu de temps les douteuses.

Il va d'ailleurs gaiement à la ruine, détournant les yeux de l'abîme, ou s'en croyant sincèrement très loin encore.

Les idées auxquelles il peut le moins s'arrêter sont les idées déplaisantes et tristes : le léger est essentiellement optimiste; il l'est et le reste quand même, alors qu'autour de lui tout le monde se sent anxieux et angoissé.

Le jour où la ruine arrive, l'effondrement est complet; l'homme est tout entier à terre; il ne reste ni caractère pour porter dignement le coup, ni volonté pour lutter, ni ressort pour se relever.

Les affaires ne sont pas toute la vie; ce n'en est que le côté extérieur et comme accessoire : elle a un côté autrement élevé et autrement grand : le côté de l'âme et de la conscience.

La légèreté, dans cette région du for intérieur, peut devenir chose infiniment grave.

Le devoir n'est pas toujours si facile à bien discerner; il y faut de l'attention, du soin, du temps.

Comment espérer de l'homme léger tant de peine et tant de défiance, lui qui, d'un seul bond, s'est habitué à atteindre le but?

Il ne connaît pas les inquiétudes des scrupuleux, non par perversité d'âme, mais parce qu'il ne peut s'attarder à tant examiner les voies et à tant peser les moyens.

Ce qui fait qu'il agit souvent comme un indélicat et, parfois, comme un malhonnête homme.

Ainsi, des vies qui, au début, paraissaient donner de bonnes espérances, s'écoulent sans dignité et sans honneur.

Ainsi, elles arrivent au terme, sans avoir amassé le long de la route rien de ce qui les prépare à bien finir.

Est-ce fatal ? Se trouve-t-on en face d'un effet inévitable d'organisation et de nature ?

Il ne s'agit pas ici d'esprits soumis à des perturbations morbides qui enlèvent la maîtrise de soi, diminuent ou suppriment la responsabilité : on parle des hommes pouvant, par la volonté, lutter contre leurs inclinations natives, et, tout au moins, en atténuer grandement les effets.

Pour ceux-là, il n'y a rien de fatal, dès lors qu'il s'agit de devoir et de loi morale ; il y a un bon ou un mauvais usage de la volonté et de la liberté.

La loi du devoir est essentiellement faite pour nous défendre contre les mauvaises dispositions qui peuvent être en nous, pour nous aider à les redresser.

Appliquée comme elle doit l'être, elle empêche de se former ces dangereuses habitudes qui finissent par nous enserrer dans des liens que nous ne pouvons plus rompre ; elle arrête ces entraînements de l'esprit qui arrivent à lui enlever sa liberté ; elle proscrit ces facilités de la conscience qui l'obscurcissent et l'oblitèrent.

Si un effort de la volonté a pu nous sauver de ce redoutable engrenage, nous sommes coupables de ne pas l'avoir fait.

C'est un devoir de réfléchir, de méditer, de peser. On est en faute si l'on y a manqué.

En faute, non seulement au regard de la loi humaine, mais encore, au regard de la conscience et de la loi divine.

De ce que la réflexion est plus difficile à ceux qui sont nés avec des dispositions primesautières, il ne s'ensuit pas qu'on soit dispensé de réfléchir.

Veut-on que le devoir disparaisse par cela seul qu'il est malaisé de le remplir ?

La légèreté n'est qu'une mauvaise et très insuffisante excuse en regard des responsabilités encourues.

Les légers gardent la responsabilité du bien qu'ils n'ont pas fait et des fautes qu'ils ont commises.

CURIOSITÉ

Il y a la curiosité qui s'adresse aux choses, — c'est la marque des bons esprits ; elle qui fait la science — et la curiosité qui s'adresse aux personnes, pour rire de leurs misères, — celle-là porte le cachet des petites âmes.

La science ! La grande curieuse qui observe, compare, devine, pénètre les secrets de la nature, dévoile ses mystères, et, un jour, étale sous nos yeux de stupéfiantes merveilles ou met à notre service des forces tellement puissantes, que, par elles, se transforme la vie des sociétés.

On n'honorera jamais trop les grands chercheurs, et, parmi eux, au premier rang, ces bienfaiteurs de l'humanité qui ont consacré leur vie au soulagement de ses misères, à la guérison de ses plaies.

La curiosité, appliquée aux choses de la nature, est absolument louable et n'a pas de limites ; appliquée aux choses de l'esprit et de l'âme, elle peut être dangereuse, si elle prétend s'exercer sans règle, sans guide, sans autre dépendance que celle de la fantaisie, de l'imagination, de la raison individuelles.

On n'est plus là dans le domaine du fait tangible qui règle les recherches et fournit le frein nécessaire à ceux que leur imagination pourrait emporter ; mais dans le domaine où le rêve et la pensée personnelle se donneraient trop facilement carrière. Or, comme il s'agit des vérités sur lesquelles reposent la destinée de l'homme et la loi de sa vie, elles ne peuvent manifestement être livrées aux fantaisies de chacun.

Ces vérités, mises hors de discussion, il reste encore assez de champ et d'espace aux curiosités les plus affinées, pour qu'elles n'aient pas le droit de prétendre qu'on leur refuse l'air libre et qu'on les enchaîne.

Une curiosité malsaine et souvent coupable est celle qui se jette sur les personnes pour fouiller leur vie et y trouver le scandale.

Celle-là passe indifférente et comme dédaigneuse à côté des hommes dont la vie présente le calme et la monotonie de l'honnêteté; elle court vers les chutes et les mauvaises aventures.

Elle vit de bruit, de dénigrement, de méchantes histoires.

En les colportant, elle les grossit, quand elle ne les invente pas.

Elle vit sans souci des douleurs horribles que cause la calomnie et des ruines qu'elle peut produire, laisse ceux qu'elle a meurtris et brisés se débattre contre leurs tortures, pour courir récolter ailleurs.

Au village, dans la cité, il y a des vies de ramasseurs et de colporteurs de nouvelles qui se passent ainsi, sans qu'une œuvre utile vienne les racheter.

Chercher et publier le scandale, n'est plus seulement le passe-temps des désœuvrés ; cela est devenu métier et profession reconnue.

La morale simplement humaine suffit à condamner sévèrement un pareil emploi de la vie; qu'en doit-on dire quand on parle au nom de la loi qui inscrit comme premier devoir : l'amour du prochain, pour l'amour de Dieu ?

Pauvre et sainte charité, que deviens-tu avec de pareilles gens ?

Esprits légers, dit-on, inconscients du mal qu'ils peuvent faire.

La loi de charité n'est-elle donc pas écrite pour tous, pour les légers comme pour les réfléchis ?

Il n'est pas d'ailleurs besoin de tant de réflexion ; un peu de cœur et d'esprit de justice suffirait.

La curiosité dénigrante est vraiment le fait des âmes étroites et méchantes.

BAVARDAGE

Une grave maladie dont il faudrait chercher le microbe et trouver le vaccin.

Une des formes de la rage, surtout, quand, à la rage de parler, se joint la rage de mordre.

Fuyez les bavards, d'abord, comme les plus insupportables, ensuite comme les plus dangereux des hommes.

Recherchez-les, si vous avez un secret à connaître ; si vous avez un secret à confier, tâchez de ne le livrer qu'aux taciturnes.

Le bavard ne garde rien, ne retient rien ; c'est un vase fêlé qui laisse écouler tout le liquide dont, à un instant, il a pu être rempli.

Il n'écoute ni n'observe, se laissant aller à un irrésistible besoin de jeter au dehors sa parole dont il lui faut entendre le bruit; il prend pour un flux d'idées ce qui n'est qu'un flux de mots, pour richesse de l'esprit ce qui n'en est que l'indigence ; il fatigue, il énerve, alors qu'il croit éblouir par sa faconde, et si, ayant échappé à ce fâcheux, on cherche ce qui a pu surnager dans le déluge dont on a été submergé, on ne trouve pas même une épave à recueillir; on se demande comment on peut tant parler pour ne rien dire.

Il est bon de savoir parler ; il est meilleur de savoir se taire.

Qui sait se taire, sait écouter. Qui sait écouter, apprend, recueille, emmagasine, juge, mesure.

Le bavard a une imperturbable confiance en lui-même; il se croit apte à tout, et se fait encore illusion, quand, autour de lui, il ne fait plus illusion à personne.

L'homme sage réfléchit avant de parler ; le bavard ne réfléchit jamais et parle quand même.

L'homme honnête et prudent craint de se tromper dans le jugement des actes et des intentions d'autrui ; il est réservé dans ses paroles, sobre de critiques, indulgent pour les personnes.

Le bavard ne craint rien, taille, tranche, juge, approuve, condamne, sans souci des jugements téméraires et des paroles injustes.

Il faut qu'il parle ; il a parlé ; cela suffit.

La solitude, parfois si profitable par son

silence et son recueillement, lui est insupportable ; il lui faut occasions de parler, à qui parler. Il vous poursuit, s'accroche à vous ; vous êtes la matière qu'il cherche, sa chose, sa victime.

Il semble que, chez le bavard, il y ait un besoin physique qui domine tout le côté moral et le trouble.

Et, pourtant, il ne se peut que la responsabilité ne demeure, que la volonté ne puisse rien sur ce dévergondage de la langue, que le sentiment du devoir n'ait encore ici sa place ; que la réflexion ne calme pas, ne modère pas ce besoin immodéré de parler, qu'elle ne fasse pas apercevoir le dommage qu'il peut causer à autrui.

Le bavardage est un des grands ennemis de la charité et de la paix, une cause fréquente de trouble et de conflits entre les hommes.

Quand on l'aura compris, on parviendra peut-être à se taire.... ou à moins parler.

TÉMÉRAIRES JUGEMENTS

Ne jugez point, a dit le Christ, et vous ne
« serez point jugés ; ne condamnez
« point, et vous ne serez point condamnés. »

Ne jugez point :

Il faut, pour bien juger, tant de choses si rares et si difficiles à rencontrer !

Le calme, la liberté, l'étendue et la clarté de l'esprit.

Libres de préjugés ou d'impressions, libres d'amitié ou de haine, libres d'intérêt personnel, quand le sommes-nous et quand pouvons-nous affirmer que nous nous trouvons bien dans l'état d'impartialité nécessaire au juge ?

Notre esprit est soumis à tant d'influences qui l'atteignent par des voies diverses ; notre âme est remuée par tant de mouvements qui y jettent le trouble et l'angoisse, qu'on se demande quand on a vraiment le calme, la maîtrise de soi, la vraie liberté de l'esprit.

Il n'est point nécessaire, pour que cette liberté manque, de nous sentir secoués par les agitations désordonnées de la passion ; pour l'esprit et pour l'âme, de même que pour les yeux, s'il y a la cécité complète et la pleine, vive et rayonnante lumière, il y a aussi la vue confuse et troublée des choses.

Et cela est vrai, non pas seulement de ces esprits faux qu'on doit abandonner à l'incurable maladie de l'erreur, mais des esprits équilibrés, ouverts, lucides, des hommes qu'on dit être de sûr jugement.

Que de méconnaissances, que d'appréciations fausses ceux-là même devront confesser, s'ils veulent être sincères !

Et, cependant, avec quelle facilité, quelle légèreté nous nous faisons juges !

Nous serons jugés et nous serons condamnés, parce que nous condamnons aussi légèrement que nous nous faisons juges.

Nous jugeons les autres comme si nous étions nous-mêmes parfaits.

Nous sommes, pour eux, d'une impitoyable sévérité, et, pour nous-mêmes, d'une indulgence sans bornes.

Nous regardons leurs défauts avec une loupe grossissante qui les fait énormes, et nos vices avec des verres qui les éloignent et les rapetissent tellement que nous ne les apercevons plus.

Pour déclarer un homme innocent, il faut un faisceau de preuves; de simples apparences suffisent pour que nous le déclarions coupable.

Nous sommes prompts à croire au mal et lents à croire au bien; aussi, pour condamner, nous n'avons qu'à nous laisser aller à la pente naturelle de notre esprit; il la faut remonter pour absoudre.

La ruine et le déshonneur peuvent être au bout de nos jugements; que nous importe?

Notre premier mouvement est de rire des chutes; devant un homme qui tombe, il semble que nous nous sentions plus fermes sur nos pieds.

Non seulement, on juge et on condamne, mais on prétend juger et condamner au nom de Dieu.

Un homme est subitement frappé dans la plénitude de la vie; il est atteint dans ses intérêts ou dans ses plus chères affections; il s'écroule; il sombre : jugement et condamnation de Dieu.

Si, du premier coup, on n'aperçoit point la tare qui a dû motiver les sévérités du grand juge, on la cherchera, on fouillera, et, comme elle doit nécessairement exister, on la trouvera, sans crainte de recouvrir la mort ou le malheur d'un linceul fait de méchancetés ou de calomnies.

Et, de même, pour les événements qui traversent et agitent la vie des sociétés; petits ou grands, on y voudra toujours voir le doigt de Dieu, la récompense ou la punition de Dieu.

Dangereuse disposition de l'esprit qui peut conduire à condamner autrui et à s'absoudre soi-même trop facilement.

Il faut fermement croire à l'intervention de Dieu dans la vie des individus, comme dans la vie des sociétés humaines; mais il faut aussi fortement craindre de rabaisser Dieu jusqu'à nous, de le ramener à notre pauvre et misérable mesure, de lui prêter nos petites passions, nos petits amours, nos petites haines.

La plupart du temps, c'est notre propre jugement que nous voulons couvrir du jugement de Dieu ; ce sont nos propres condamnations que nous voulons porter au compte de Dieu.

Dieu est trop haut et trop loin pour que nous le rapprochions si aisément de nous ; il est trop grand pour qu'à tout instant, pauvres pygmées, nous veuillions monter jusqu'à lui ou le faire descendre jusqu'à nous ; ses jugements sont trop mystérieux, pour que nous puissions prétendre les toujours pénétrer.

« Le malheur ne frappe pas seulement des coupables ; il y a l'épreuve réservée aux honnêtes gens et qui les marque de ce cachet particulier d'élection auquel le monde se trompe, incapable qu'il est de l'apercevoir et de le comprendre.

Comment ne craignons-nous pas de nous y tromper nous-mêmes et de prendre pour une manifestation de la colère de Dieu ce qui est l'effet de ses prédilections et de son amour ?

Quant aux sociétés humaines, difficile est de discerner la meilleure voie à suivre au milieu de leurs agitations. Lorsqu'on a fait son choix, il ne faut pas toujours prétendre avoir Dieu avec soi, le mêler à ces passions troublantes que mettent en jeu les luttes des partis.

Voir une trop incessante intervention de Dieu dans la vie de l'homme, comme dans la vie sociale, serait ne pas tenir un compte suffisant de la liberté qui domine tout et oublier que la justice ne se fait pas seulement en ce monde, mais surtout dans l'autre.

C'est à cause de cette grande et dernière justice de la vie future, qu'il faut craindre de se méprendre sur la justice de Dieu dans la vie présente. »

APPLAUDISSEMENTS

De toutes les musiques, la plus agréable pour nos oreilles, la plus dangereuse pour notre cœur.

Nous ne nous lassons jamais de l'entendre, ce qui fait que nous la recherchons avec passion. Une fois entendue, elle devient un tyrannique besoin.

Il est bien peu d'hommes qui n'aient au fond d'eux-mêmes un histrion.

Les applaudissements s'achètent, et de quel prix n'est-on pas disposé à les payer !

Le prix est quelquefois l'honneur d'une vie tout entière.

L'homme qui a pris goût aux applaudissements perd la faculté de discerner d'où ils viennent et ce qu'ils valent.

On l'applaudit, cela suffit, sans qu'il y ait à rechercher qui bat des mains et quelles bouches crient : bravo.

Et pourtant, il y a des applaudissements de bien des qualités et de bien des sortes.

Les applaudissements des gens de goût, des délicats, des honnêtes ne sont pas les mêmes que ceux de la foule grossière.

Comme ils honorent davantage, il semble qu'on les doive plus rechercher; mais comme ils sont plus discrets et moins retentissants, on va de préférence du côté du bruit et de l'enthousiasme facile.

Pour plaire aux délicats et aux gens de bien, encore faut-il demeurer soi-même délicat et honnête; mais, pour plaire aux foules, que n'est-on pas exposé à leur sacrifier?

C'est le meilleur de sa pensée qu'on laissera dans l'ombre; ce sont les sentiments élevés et généreux de l'âme qu'on fera taire pour s'adresser aux sentiments vulgaires et bas, quand on ne fera pas appel aux plus détestables passions.

On arrive à payer les applaudissements de la foule en monnaie de corruption.

Ce n'est point qu'il faille dédaigner le succès; il est, pour l'homme, la loi de son travail. Lui reprocher de le poursuivre serait une niaiserie; mais il faut se prémunir contre ses entraînements et le vouloir pur de toute compromission, de tout dessous inavouable.

Le succès, eût-il dépassé toutes les espérances, ne vaut rien, si, jetant les yeux en arrière, il se rencontre un jour, une heure où l'on aperçoit un acte qu'il faille cacher.

On n'a plus qu'un fruit en apparence magnifique, mais piqué et véreux. Il faut se contenter de le regarder et ne pas l'ouvrir.

Sous la louange et la flatterie, l'homme ne sent que mieux la tare; le souvenir est là qui demeure et la conscience qui l'avive.

C'est le premier châtiment des succès mal acquis.

Tout le monde ne prétend pas à la célébrité, mais que d'hommes dont le principal souci, au long d'une vie, est de courir après l'éloge; grands enfants que la moindre louange caresse délicieusement, que le moindre blâme désespère et renverse.

Ne sommes-nous pas tous, plus ou moins, de ces enfants-là ?

Parfois, nous voulons paraître mépriser l'attaque et la critique; nous ne sommes pas sincères; c'est souvent alors qu'elles nous ont le plus vivement atteints ?

Les plus cruelles blessures ne viennent

pas toujours des critiques les plus malveillantes, mais de celles qui nous obligent à reconnaître qu'elles sont justes et fondées.

Heureux encore ceux qui ont cette bonne foi et ce courage ! Il en est tant qui, aux vérités d'une désapprobation justifiée, répondent par les injures d'un amour propre froissé et devenu aveugle.

Se préoccuper des jugements des hommes au point de leur subordonner ses pensées et ses actions est faiblesse et lâcheté ; mais, dédaigner de parti pris les jugements des hommes, quand ils désapprouvent, est orgueil et présomption.

Sans approbation de la conscience, tout est vain : renommée, célébrité, gloire, estime, honneurs, tout cela est faux et usurpé.

L'approbation de la conscience sera d'autant plus difficile à obtenir que les applaudissements auront été plus recherchés.

Dans cette recherche, on a laissé le meilleur de soi le long des chemins ; ce qui reste quand on arrive au terme, c'est une âme trop usée par les petites passions de la vie pour demeurer ouverte aux grandes lueurs.

EXEMPLE

Nous devrions vivre ayant toujours devant l'esprit et la conscience la pensée et le souci de nos responsabilités.

Si nous avons le mérite, non seulement du bien que nous faisons, mais du bien que nous provoquons, nous sommes responsables, non seulement du mal que nous commettons, mais aussi du mal que nous faisons commettre.

Responsables encore du bien que nous ne faisons pas et du mal que nous laissons faire.

Tout ne se passe pas dans le for intérieur.

Il est bon de méditer, d'élever son âme vers de hautes et généreuses pensées ; il est meilleur de les traduire en des actes.

La pensée peut rester enfermée dans le sanctuaire de l'âme qui l'a conçue et ne pas le dépasser ; l'acte rayonne et alors naît, de ce rayonnement même, une responsabilité faite de l'influence exercée sur les autres âmes.

Les forts mènent les faibles.

Les faibles, c'est le troupeau qui marche et qui suit, la foule qu'on pousse et qu'on entraîne, qui imite et qui copie.

Si les forts ont la force qui fait les gens de bien, ils la communiquent aux foules du sein desquelles on voit surgir d'admirables actes de vertu, de bonté, de dévouement, de charité.

Quand le modèle est pur de lignes et de traits, la copie en garde toujours quelque chose.

L'honnêteté et la vertu par imitation, sont quand même, l'honnêteté et la vertu.

Mais, quand les forts sont des cœurs vicieux, se moquant du juste, parvenant à tout ce que les hommes envient, à la richesse, aux honneurs, par des audaces éhontées, quels ravages leur exemple ne produit-il pas sur les cœurs faibles ?

Que de basses et véreuses entreprises ! Que d'actes indélicats et malhonnêtes n'auront-ils pas inspirés !

La foule copie volontiers et plus facilement le laid et le difforme que le beau et le pur.

Un fripon a plus vite fait d'engendrer un fripon qu'un homme de bien d'engendrer un honnête homme.

Certaine, mais mystérieuse est l'influence de l'exemple. Qui pourrait dire tous ses effets ?

Ce qu'on peut affirmer, c'est qu'elle est la ruine de beaucoup et le salut d'un grand nombre.

N'est-ce donc pas assez pour veiller attentivement sur nous-mêmes, pour craindre de blesser l'âme de nos frères, pour éprouver l'ardent désir de la fortifier, de la porter au bien et à la vertu ?

Le Christ ne s'est pas contenté de condamner le scandale ; il l'a maudit ! « Malheur à celui par qui le scandale est venu ! »

Les malédictions du Christ frappent sur le mal qui se communique, se propage, se multiplie, sur la richesse qui déprave les foules par l'abus des jouissances, sur le mépris public de la loi morale qui corrompt et entraîne les faibles.

Craignons la malédiction prononcée contre l'exemple qui pervertit. Elle s'adresse surtout aux hommes réputés honnêtes et intègres.

Ce sont les chutes de ceux-là qui font scandale et troublent les âmes simples.

Ce sont celles dont il est le plus difficile de se relever, parce qu'avec le poids de sa propre faute, on a à soulever le poids des fautes qu'elle a pu engendrer.

VERTU ET VICE

En morale, l'absolu, c'est la complète conformité de nos idées avec l'idée du bien et du vrai, de nos actions avec l'honnête ; c'est la perfection.

Le relatif, c'est l'influence sur nos pensées et sur les manifestations de notre vie des imperfections et des faiblesses humaines, des entraînements que peut subir notre nature propre, des secousses auxquelles elle peut être soumise, des conditions et des milieux dans lesquels nous sommes nés, nous avons grandi et nous avons vécu.

L'absolu dans le bien, la perfection ne sont guère de ce monde ; c'est le relatif avec ses misères et aussi ses grandeurs qui y occupe la plus large place :

Avec ses misères : parce que l'homme se manifeste trop souvent par ce qui le rapetisse et le rabaisse ;

Avec ses grandeurs : parce que, lorsqu'il

lutte contre lui-même et triomphe de ses instincts dépravés, l'homme montre jusqu'à quels sommets il peut s'élever et parvenir.

Il faut placer l'idée absolue du devoir au-dessus de tous les actes humains et condamner tous ceux qu'elle n'a pas inspirés. Mais aussi il ne les faut juger qu'avec le sentiment de ce qui peut altérer dans une âme humaine et rendre confuse la notion de ce qui doit être fait, énerver la volonté, diminuer le libre arbitre.

L'homme n'est plus l'homme, si l'on ne veut voir en lui que des instincts généreux, si l'on tient comme éléments trop négligeables ses dispositions perverses et tout ce qui les surexcite. Au point de vue moral, l'homme n'est vraiment l'homme que par l'incessante lutte établie au-dedans de lui entre les mauvaises sollicitations de ses sens ou de son cœur et les protestations de sa conscience. Ce qu'il faut lui demander, c'est de ne pas se déclarer d'avance vaincu, c'est d'accepter la lutte, dût-il en sortir blessé et meurtri.

Ni lâche indulgence qui encourage le vice, en faisant l'excuse trop facile, ni sévérité excessive qui décourage la vertu en la plaçant sur d'inaccessibles sommets.

Impitoyables pour les âmes vraiment viles, gardons, avec celles que traverse parfois encore un rayon des grandes lueurs, l'espérance qui console et la charité qui sauve.

Soyons sévères pour nous-mêmes, indulgents pour les autres.

Ne nous payons point de mauvaises et lâches raisons pour excuser nos faiblesses ; cherchons ce qui peut excuser les faiblesses d'autrui.

Dans la direction de notre propre vie, rapprochons-nous le plus possible de l'absolu dans le bien, et ne nous troublons pas plus qu'il ne convient devant le spectacle que nous apportent les violents conflits engendrés par la contradiction des intérêts, les entraînements des passions, la diversité des tempéraments, des humeurs, des caractères.

C'est la nécessaire vie de l'humanité avec le mélange de bien et de mal, de dégradation et de vertu, de misère et de grandeur, dès lors qu'elle est dominée par le suprême don de la liberté.

La liberté ! C'est le grand cachet de l'œuvre de Dieu.

Elle explique tout et permet de ne pas s'émouvoir jusqu'aux angoisses du doute ni des injustices et des effroyables souffrances qu'elle peut produire, ni des crimes qu'elle peut inspirer, ni des catastrophes qu'elle peut amener, quand on aperçoit derrière elle la providence de Dieu pour la contenir, la justice de Dieu pour en réparer les écarts.

Sans la providence de Dieu, comment l'humanité pourrait-elle vivre, livrée à tous les emportements de la liberté, aux luttes d'êtres que la violence de leurs appétits et de leurs instincts rapprocherait de fauves se disputant les mêmes proies ?

Sans la justice de Dieu, quelle chose désespérée ne serait pas la vie avec ses iniquités, ses oppressions, ses tortures ? Quelle dérision, si, par delà, il nous était défendu d'apercevoir un coin de ciel et d'y placer une espérance de lumière, de rafraîchissement et de paix ?

Liberté, devoir, responsabilité, bonté et justice de Dieu, c'est là la clef de toute vie humaine :

La liberté qu'il faut défendre et conserver ;

Le devoir qu'il faut remplir, quoi qu'il en coûte ;

La responsabilité qui, le plus souvent demeure, alors même qu'on la croit disparue ;

La bonté de Dieu qu'il faut mériter ;

Sa justice qu'il faut craindre.

Le devoir librement accompli, c'est cette chose simple et grande qu'on nomme la vertu, que le monde quand même honore, en ayant l'air d'en rire, que Dieu récompensera magnifiquement.

Le devoir librement méconnu, c'est le vice devant lequel trop souvent les hommes s'abaissent, que Dieu punit toujours.

Le vice d'en bas et le vice d'en haut.

Le vice d'en bas dont on détourne les regards avec dégoût.

Le vice d'en haut qu'on salue quelquefois jusqu'à terre.

Le vice d'en bas, pour lequel on devrait avoir toutes les indulgences et toutes les pitiés, quand on n'a que des sévérités et de dures paroles.

Le vice d'en haut, pour lequel on devrait avoir tous les mépris, quand on n'a pour lui que des complaisances.

Les révoltés d'en bas sont, crie-t-on, des misérables.

Et les parvenus d'en haut?

Ceux qui sont arrivés à la fortune par la spéculation véreuse, l'escroquerie et le vol?

Ceux qui sont arrivés à la puissance par les basses intrigues, les compromissions et le mensonge?

A ceux-là, on tend humblement la main, on la serre sans scrupules et sans remords, si on en espère profit.

Gens honnêtes et droits, restez quand même droits et honnêtes, sans prendre souci de ce que le monde pense de vous.

Les vertueux et les bons auront, quand même leur tour.

Mieux vaut avoir pour soi demain qu'aujourd'hui qui passe si vite.

TABLE DES MATIÈRES

Doute	1	Générosité	138
Croyant	16	Sincérité	142
Sceptique	28	Modération	147
Devoir	31	Indépendance	152
Responsabilité	37	Obéissance	156
Conscience	45	Reconnaissance	160
Le cœur	52	Respect	164
Providence	57	Mépris	168
Dévotion	62	Expérience	171
Le prêtre	68	Epreuve	176
Prière	72	Joie et malheur	180
Méditation	77	Désespérés	185
Caractère	81	Résignation	189
Les caractères	87	La Croix	194
Sens moral	91	Paix	199
Idéal	98	Pauvreté	202
Ordre	102	Le peuple	206
Justice	106	Travail	210
Intention	111	Famille	215
Honnêteté	115	Jeunesse	220
Honneur	120	Age mûr	224
Charité	123	Vieillesse	229
Bonté	130	La mort	233
Indulgence	134	Philosophie	237

TABLE DES MATIÈRES

Le monde	244	Vengeance	295
Amour de soi	248	Défiance	300
Vanité	252	Légèreté	304
Calomnie	258	Curiosité	309
Médisance	262	Bavardage	313
Malveillance	266	Téméraires jugements	317
Hypocrisie	271		
Ambition	274	Applaudissements	321
Richesse	280	Exemple	325
Habileté	286	Vertu et vice	329
Envie	290		

Imprimerie de l'Institut de Bibliographie. — IV-1909.

A LA MÊME LIBRAIRIE

Œuvres complètes du R. P. Lacordaire, des F. Prêcheurs. Nouvelle édition, complète et définitive, comprenant tout ce que le Père Lacordaire a publié de son vivant; 9 vol. in-8°................ 50 »
Les mêmes; 9 vol. in-12 jésus.............. 30 »

Œuvres posthumes du R. P. H.-D. Lacordaire :
Conférences de Nancy (1842-1843), publiées par les soins du R. P. Tripier, 2 vol. in-18 jésus............
Lettres à Madame la baronne de Prailly, in-8°...... 7 »
— Le même ouvrage, in-18 jésus.............. 3 75
Lettres à Th. Foisset, 2 vol. in-8°............ 12 50
Sermons, instructions et allocutions : Notices, Textes, Fragments, Analyses.
Tome I. Sermons (1825-1849), in-8°............ 7 »
Tome II. Sermons (1850-1856). Instructions données à l'école de Sorèze (1854-1861), in-8°............ 7 »
Tome III. Allocut., in-8° 4 »
— Le même ouvrage, 3° édition, 3 vol. in-18 jésus, chaque vol............... 3 75

Conférences de Notre Dame par Mgr d'Hulst, recteur de l'Institut catholique de Paris, 6 vol. in-8° écu, chaque vol............... 5 »

Le Christianisme et les temps présents, par Mgr Bougaud, évêque de Laval; 5 vol. in-8°............ 37 50
5 vol. in-18 jésus.... 20 »

Doute et ses victimes (Le) dans le siècle présent, par Mgr Baunard. 9° édition augmentée. in-18 jésus............. 3 »

Foi et ses victoires (La) par Mgr Baunard.
Tome I. 2° édition, in-8° (épuisé).
Tome II, in-8°......... 6 »
Le même ouvrage, 2 vol. in-18 jésus; chaque vol..... 3 75

Montalembert, par le R. P. Lecanuet, prêtre de l'Oratoire.
I. Sa jeunesse (1810-1836), avec portrait, 3° mille, in-8° écu 5 »
II. La liberté d'enseignement (1835-1850), in-8° écu. 5 »
III. L'Église et le second empire. (En préparation).

Lacordaire (Le R. P.), sa vie intime et religieuse par le R. P. Chocarne, 5° édition, 2 vol. in-8°, avec portrait.... 10 »
Le même ouvrage, 8° édition 2 vol. in-18 jésus..... 5 »

Vie meilleure (La), par M. l'abbé P. Vignot, 2° édition, in-18 jésus............. 3 50

Vie pour les autres (La) par M. l'abbé P. Vignot, 2° édition, in-12........... 3 50

Espérance. Un réveil de l'idée religieuse en France, par Mgr Baunard, 2° édition revue et augmentée, in-18 jésus. 3 50

Imprimerie de l'Institut de Bibliographie (III-1900).

www.ingramcontent.com/pod-product-compliance
Lightning Source LLC
Chambersburg PA
CBHW060325170426
43202CB00014B/2671